中华文化风采录

U0589858

丰富民俗文化

喜庆的
春节

王 丽 编著

北方妇女儿童出版社
·长春·

图书在版编目(CIP)数据

　喜庆的春节 / 王丽编著. —长春：北方妇女儿
童出版社，2017.5（2022.8重印）
　（丰富民俗文化）
　ISBN 978-7-5585-1078-6

　Ⅰ．①喜… Ⅱ．①王… Ⅲ．①春节－风俗习惯－
中国－通俗读物 Ⅳ．①K892.18-49

　中国版本图书馆CIP数据核字(2017)第100718号

喜庆的春节
XIQING DE CHUNJIE

出 版 人	师晓晖	
责任编辑	吴　桐	
开　　本	700mm×1000mm　1/16	
印　　张	6	
字　　数	85千字	
版　　次	2017年5月第1版	
印　　次	2022年8月第3次印刷	
印　　刷	永清县晔盛亚胶印有限公司	
出　　版	北方妇女儿童出版社	
发　　行	北方妇女儿童出版社	
地　　址	长春市福祉大路5788号	
电　　话	总编办：0431-81629600	

定　　价	36.00元	

习近平总书记说："提高国家文化软实力，要努力展示中华文化独特魅力。在5000多年文明发展进程中，中华民族创造了博大精深的灿烂文化，要使中华民族最基本的文化基因与当代文化相适应、与现代社会相协调，以人们喜闻乐见、具有广泛参与性的方式推广开来，把跨越时空、超越国度、富有永恒魅力、具有当代价值的文化精神弘扬起来，把继承传统优秀文化又弘扬时代精神、立足本国又面向世界的当代中国文化创新成果传播出去。"

为此，党和政府十分重视优秀的先进的文化建设，特别是随着经济的腾飞，提出了中华文化伟大复兴的号召。当然，要实现中华文化伟大复兴，首先要站在传统文化前沿，薪火相传，一脉相承，弘扬和发展5000多年来优秀的、光明的、先进的、科学的、文明的和自豪的文化，融合古今中外一切文化精华，构建具有中国特色的现代民族文化，向世界和未来展示中华民族具有独特魅力的文化风采。

中华文化就是中华民族及其祖先所创造的、为中华民族世世代代所继承发展的、具有鲜明民族特色而内涵博大精深的优良传统文化，历史十分悠久，流传非常广泛，在世界上拥有巨大的影响力，是世界上唯一绵延不绝而从没中断的古老文化，并始终充满了生机与活力。

浩浩历史长河，熊熊文明薪火，中华文化源远流长，滚滚黄河、滔滔长江是最直接的源头，这两大文化浪涛经过千百年冲刷洗礼和不断交流、融合以及沉淀，最终形成了求同存异、兼收并蓄的辉煌灿烂的中华文明。

中华文化曾是东方文化的摇篮，也是推动整个世界始终发展的动力。早在500年前，中华文化催生了欧洲文艺复兴运动和地理大发现。在200年前，中华文化推动了欧洲启蒙运动和现代思想。中国四大发明先后传到西方，对于促进西方工业社会形成和发展曾起到了重要作用。中国文化最具博大性和包容性，所以世界各国都已经掀起中国文化热。

中华文化的力量，已经深深熔铸到我们的生命力、创造力和凝聚力中，是我们民族的基因。中华民族的精神，也已深深根植于绵延数千年的优秀文化传统之中，是我们的精神家园。但是，当我们为中华文化而自豪时，也要正视其在近代衰微的历史。相对于5000年的灿烂文化来说，这仅仅是短暂的低潮，是喷薄前的力量积聚。

中国文化博大精深，是中华各族人民5000多年来创造、传承下来的物质文明和精神文明的总和，其内容包罗万象，浩若星汉，具有很强的文化纵深感，蕴含丰富的宝藏。传承和弘扬优秀民族文化传统，保护民族文化遗产，已经受到社会各界重视。这不但对中华民族复兴大业具有深远意义，而且对人类文化多样性保护也有重要贡献。

特别是我国经过伟大的改革开放，已经开始崛起与复兴。但文化是立国之根，大国崛起最终体现在文化的繁荣发展上。特别是当今我国走大国和平崛起之路的过程，必然也是我国文化实现伟大复兴的过程。随着中国文化的软实力增强，能够有力加快我们融入世界的步伐，推动我们为人类进步做出更大贡献。

为此，在有关部门和专家指导下，我们搜集、整理了大量古今资料和最新研究成果，特别编撰了本套图书。主要包括传统建筑艺术、千秋圣殿奇观、历来古景风采、古老历史遗产、昔日瑰宝工艺、绝美自然风景、丰富民俗文化、美好生活品质、国粹书画魅力、浩瀚经典宝库等，充分显示了中华民族厚重的文化底蕴和强大的民族凝聚力，具有极强的系统性、广博性和规模性。

本套图书全景展现，包罗万象；故事讲述，语言通俗；图文并茂，形象直观；古风古雅，格调温馨，具有很强的可读性、欣赏性和知识性，能够让广大读者全面触摸和感受中国文化的内涵与魅力，增强民族自尊心和文化自豪感，并能很好地继承和弘扬中国文化，创造未来中国特色的先进民族文化，引领中华民族走向伟大复兴，在未来世界的舞台上，在中华复兴的绚丽之梦里，展现出龙飞凤舞的独特魅力。

神奇传说——春节由来

喜迎新春——迎年习俗

欢度除夕——各地风俗

正月大拜年——新春风俗

春节由来

春节是我国民间最隆重最富有特色的传统节日，也是最热闹的一个古老节日。它的时间在农历正月初一这天，又叫阴历年，俗称"过年"。

春节起源于殷商时期年头岁尾的祭神祭祖活动。传说最早在尧舜时代就有过春节的风俗。它与清明节、端午节、中秋节并称为我国四大传统节日。

关于春节来历，在我国民间，流传着许多美丽传说，充满了丰富的文化底蕴。

万年用漏壶测时间定春节

关于春节的来历，还有这样一个故事。相传，在古时候，有个名叫万年的青年，看到当时的节令很乱，就有了想把节令定准的打算，但是苦于找不到计算时间的方法。

红色元宝

■ 春节的红灯笼

有一天，万年上山砍柴，累了，坐在树荫下休息，树影的移动启发了他，于是他设计了一个测日影计天时的晷仪，用来测定一天时间。

后来，山崖上的滴泉启发了万年的灵感，他又动手做了一个五层漏壶，用来计算时间。

天长日久，万年发现每隔360多天，四季就会轮回一次，天时的长短也就重复一遍。

当时的国君叫祖乙，也常为天有不测风云而感到苦恼。万年知道后，就带着日晷和漏壶去见国君，对国君讲日月运行的道理。

祖乙听后大悦，觉得很有道理。于是把万年留下，修建日月阁，筑起日晷台和漏壶亭，希望能测准日月规律，推算出准确的晨夕时间。并创建历法，为天下黎民百姓造福。

有一次，祖乙去了解万年测试历法的进展情况。知道万年创建历法已成，就登上日月阁看望万年。当

晷仪 也称日晷，指的是我国古代利用日影测得时刻的一种计时仪器，又称"日规"。其原理就是利用太阳的投影方向来测定并划分时刻，通常由晷针和晷面组成。在我国古代，正是有了晷仪的存在，才由此划分了四季和十二个月，并有了春节的出现。

尧舜时期 是我国上古史中的一个重要阶段，在我国文明发展史上占有重要地位。据《史记》的作者司马迁称，黄帝以后，黄河流域又先后出现了3位德才兼备的部落联盟首领，他们就是尧、舜、禹。据说，在这3位首领统治华夏大地时，我国古人便开始过春节了。

登上日月坛时，看见石壁上的一首诗，诗道：

日出日落三百六，周而复始从头来。
草木枯荣分四时，一岁月有十二圆。

万年指着天象，对皇上说："现在正是12个月满，旧岁已完，新春复始，祈请国君定个节吧！"

祖乙说："春为岁首，就叫春节吧！"

这便是春节的来历。那么，我国的春节到底源自何时呢？

据说，它起源于殷商时期年头岁尾的祭神祭祖活动。传说最早在尧舜时期就有过春节风俗。

农历的正月是一年的开始，而正月上旬或中旬，大部分情况正好是春季开始，少部分情况立春是在农历腊月下旬。节日的时间和农业劳作息息相关。在甲骨文和金文中的"年"字，都是谷穗成熟的形象。

在历史上的不同朝代，春节的时间也不一样。夏朝以农历一月为一年之首，商朝以农历十二月为岁首，周朝以农历十一月为岁首，秦朝以农历十月为岁首。

春节作为岁首大节，最早确立于汉朝。那是公元前104年，即汉太初元年，汉武帝颁行《太初历》，确定以农历正月初一为岁首。此后

■汉武帝画像

2000多年，我国沿袭了这一历法体制。

正月新年成为举国上下共享的盛大节日，"官有朝贺，私有祭享"。在朝贺与祭享的各种仪式活动中，增强与更新着各种家庭与社会的关系。

琳琅满目的春联

春节在公历1月21日至2月20日之间游动。立春则一般在2月4日或2月5日。春节古称"正旦""岁首""过年"等。

1949年，在中国人民政治协商会议第一届全体会议上，通过了使用世界上通用的公历纪元，把公历元月一日定为元旦，俗称阳历年；农历正月初一通常都在立春前后，因而把农历正月初一定为"春节"，俗称阴历年。

阅读链接

说到春节起源，必然要提到我国传统历法：农历。农历是我国目前仍在与公历并行使用的一种历法。农历，又叫夏历，即农业上使用的历书，有指导农业生产的意义。

据说，当年青年人万年经过长期观察，精心推算，制定出了准确的太阳历，当他把太阳历呈献给继任国君时，已是满面银须。

新国君深为感动，为纪念万年功绩，便将太阳历命名为"万年历"，封万年为日月寿星。以后，人们在过年时总是挂上寿星图，据说就是为了纪念万年。

老人为赶走年兽放炮过年

　　春节又叫阴历年，俗称"过年"，春节和年的概念，最初的含意来自农业，古时人们把谷的生长周期称为"年"，《说文解字·禾部》记载："年，谷熟也。"

　　在夏商时期产生了夏历，以月亮圆缺的周期为月，一年划分为12

春节装饰品

个月，每月以不见月亮的那天为朔，正月朔日的子时称为岁首，即一年的开始，也叫年。年的名称是从周朝开始的，到了西汉才正式固定下来，一直延续到今天。

那么，为什么春节又被称为"过年"呢？关于这个俗称，据说和一种叫"年"的怪兽息息相关。

相传，古时候，有一种叫"年"的怪兽，头长触角，凶猛异常。"年"长期深居海底，每到除夕才爬上岸，吞食牲畜，伤害人命。因此，每到除夕，各村各寨的人们就扶老携幼逃往深山，以躲避"年"兽伤害。

有一年的除夕，从村外来了个乞丐，他看到乡亲们匆忙恐慌的样子，只有村东头一位老婆婆给了他一些食物，并劝他快点上山躲避"年"兽。

乞丐把胡子撩起来笑道："婆婆若让我在家待一夜，我一定把'年'兽赶走。"

老婆婆仍然继续劝说，乞丐却笑而不语。

半夜时分，"年"兽闯进村里。它发现村里气氛与往年不同：村东头老婆婆家，门贴大红纸，屋内烛火通明。"年"兽浑身一抖，怪叫了一声。将近门口时，院内突然传来"噼噼啪啪"的炸响声，"年"浑身战栗，再不敢往前凑了。

原来，"年"最怕红色、火光和炸响。这时，

■ 春节装饰品之鞭炮

除夕是我国传统节日中最重大的节日之一。指农历一年最后一天的晚上，即春节前一天晚上，因常在农历腊月三十或二十九，所以又称该日为"年三十"。一年的最后一天叫"岁除"，那天晚上叫"除夕"。除夕人们往往通宵不眠，叫"守岁"。

婆婆把家门打开，只见院内站着一位身披红袍的老人在哈哈大笑。"年"一见大惊失色，狼狈逃窜了。

第二天是正月初一，避难回来的人们见村里安然无恙，都十分惊奇。这时，老婆婆恍然大悟，赶忙向乡亲们述说了乞丐的许诺。

这件事很快在周围村里传开，人们都知道了驱赶"年"兽的办法。从此，每年除夕，家家贴红对联、燃放鞭炮，户户烛火通明、守更待岁。初一一大早，人们还要走亲串友道喜问好。这风俗越传越广，成了我国民间最隆重的传统节日。

春节到了，就意味着春天将要来临，万物复苏，草木更新，新一轮播种和收获季节又要开始了。人们刚刚度过冰天雪地、草木凋零的漫漫寒冬，早就盼望着春暖花开的日子。当新春到来之际，自然要充满喜悦载歌载舞地迎接这个美好节日。

阅读链接

据说，"年"的甲骨文写法是上面部分为"禾"字，下面部分为"人"字。金文的"年"字也与甲骨文相同，也由禾和人组成。小篆的"年"写作"秊"，《说文解字·禾部》："秊，谷熟也。从禾，从千声。"小篆将"人"字讹变为"千"了，因而许慎用了此说，而"千"字本为有饰的人。

"禾"是谷物的总称，不能错解仅为"小麦"。年成的好坏，主要由"禾"的生长和收成情况来决定，而现在已发掘出来的甲骨文中的"禾"字，几乎都是看上去沉甸甸地被压弯了腰，可见它象征着取得谷物生产的大丰收。

那么，"年"字下面的"人"字又作何解释呢？从甲骨文看，"年"字好像是人头上顶着沉甸甸的谷穗的样子，象征着人们丰收后的庆祝。

迎年习俗

春节一般是指农历正月初一。但在民间，传统意义上的春节是指从腊月初八的腊祭或腊月二十三、二十四的祭灶，直至正月十五，其中以除夕和正月初一为高潮。

从农历腊月二十三起到年三十这几天，我国民间把这段时间叫作"迎春日"，也叫"扫尘日"。

在春节前扫尘搞卫生，是我国素有的传统习俗。由于时期、地区和民族的不同，部分地区在扫尘前，还要举行祭灶仪式。

小年的祭灶活动送灶神上天

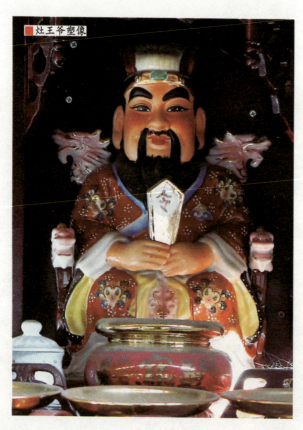
灶王爷塑像

腊月二十三或二十四又称"小年",是我国民间祭灶的日子,也被称为谢灶、祭灶节、灶王节、祭灶。

小年是整个春节庆祝活动的开始和伏笔,其主要的活动有两项:扫年和祭灶。除此之外,还有吃灶糖的习俗,有的地方还要吃火烧,吃糖糕、油饼,喝豆腐汤等。

祭灶,是我国民间影响很大、流传极广的一项习俗。在我国古代，差不多家家灶间都设有"灶王爷"的神位。人们称这尊神为"司命菩萨"或"灶君司命"。

传说"灶王爷"是玉皇大帝封的"九天东厨司命灶王府君"，负责管理各家的灶火，被作为一家的保护神而受到崇拜。

灶王神龛大都设在灶房的北面或东面，中间供上灶王爷的神像。没有灶王神龛的人家，也有将神像直接贴在墙上的。有的神像只画灶王爷一人，有的则有男女两人，女神被称为"灶王奶奶"。

■ 灶王爷画像

腊月二十三的祭灶与过年有着密切关系。因为，在一周后的大年三十晚上，灶王爷便带着一家人应该得到的吉凶祸福，与其他诸神一同来到人间。

灶王爷被认为是为天上诸神引路的，其他诸神过完年后再度升天，只有灶王爷会长久地留在人家的厨房内。

祭灶节这一天，实际是各家欢送灶神上天的节日。由于一般人家在灶台附近贴有灶神画像，有时还有灶王奶奶画像陪伴，经过一年烟熏火燎，画像已旧了，面目也黢黑。人们要把旧像揭下，用稻草为灶神

火烧 流行于华北地区的著名小吃，扁圆如烧饼，分为无馅火烧和肉火烧，一般以肉火烧为多，但胶东半岛的火烧为无馅火烧。火烧多见于北方。肉火烧含馅似饺子，皮薄馅多，外酥里绵，分为干火烧和油火烧两种。在我国北方，在过小年期间，有吃火烧的习俗。

关东糖 又称灶王糖、大块糖。一年之中，只有在小年前后才有出售。关东糖是用麦芽、小米熬制而成的糖制品，也有人说它是用白糖加淀粉加水加淀粉酶酿熬而成。在关东的农村，过小年这天，人们习惯用这种糖制品来祭灶神。

扎一草马，为了让他"上天言好事，下地降吉祥"，因此要敬供他，用一块黏稠的糖瓜或者是糕粘在他的嘴上，以使其"嘴甜"，只能说好事，然后和草马一起烧掉。这个过程被称为"辞灶"。新年后再买一幅新画像，将灶神请回贴上。

迎接诸神的仪式称为"接神"，对灶王爷来说叫作"接灶"。接灶一般在除夕，仪式简单得多，到时只要换上新灶灯，在灶龛前燃香就算完事了。

祭灶以后，我国古人还有吃饺子的习俗，取意"送行饺子迎风面"。

在晋东南地区，流行吃炒玉米的习俗，民谚有"二十三，不吃炒，大年初一一锅倒"的说法。人们喜欢将炒玉米用麦芽糖黏结起来，冰冻成大块，吃起来酥脆香甜。

■ 灶台前的灶王爷像

灶糖

灶糖是一种麦芽糖，黏性很大，把它抽为长条型的糖棍称为"关东糖"，拉制成扁圆型就叫作"糖瓜"。

冬天把糖瓜放在屋外，因为天气严寒，它凝固得坚实而里边又有些微小的气泡，吃起来脆甜香酥，别有风味。

关东糖坚硬无比，摔都摔不碎，吃时必须用菜刀劈开。质料很重很细，口味微酸，中间没有蜂窝，每块重50克、100克、200克，价格也较贵一些。

糖瓜有芝麻的和没芝麻的两种，用糖做成甜瓜形或北瓜形，中心是空的，皮厚不及1.5厘米，大小不同。

做糖瓜、祭灶是过小年的主要活动，从此后就进入准备过年的阶段，人们精神放松，开始欢欢喜喜准备正式过年了。

阅读链接

关于灶王爷的来历，说起来源远流长。在我国民间诸神中，灶神资格算是很老的。

早在夏朝，他已是民间尊奉的一位大神了。有说灶神是钻木取火的"燧人氏"；或说是神农氏的"火官"；或说是"黄帝作灶"的"苏吉利"；或说灶神姓张，名单，字子郭。总之众说不一。

为感激灶王消灾的扫尘活动

　　"腊月二十四，掸尘扫房子"，据《吕氏春秋》记载，我国从尧舜时期就有春节前扫尘的风俗。

　　按照我国民间的说法：因"尘"与"陈"谐音，新春扫尘有"除陈布新"的含义，其用意是要把一切穷运、晦气统统扫出门。

春节福字挂件

关于"扫尘"的由来，源于一个古老的故事。

传说，古人认为人身上都附有一个三尸神，像影子一样，跟随着人的行踪，形影不离。

三尸神是个喜欢阿谀奉承、爱搬弄是非的家伙，他经常在玉帝面前造谣生事，把人间描述得丑陋不堪。久而久之，在玉皇大帝印象中，人间简直是个充满罪恶的肮脏世界。

迎年习俗

■ 迎新年的装饰品

有一次，三尸神密报，人间在诅咒玉帝，想谋反天廷。玉皇大帝大怒，降旨迅速查明人间犯乱之事，凡怨忿诸神、亵渎神灵人家，将其罪行书于屋檐下，再让蜘蛛张网遮掩以做记号。

玉皇大帝又命护法镇山神将王灵官在除夕之夜下界，凡遇到有记号人家，满门斩杀，一个不留。

三尸神见此计即将得逞，乘机飞下凡界，不管青红皂白，恶狠狠地在每户人家的屋檐墙角做上记号，好让王灵官来个斩尽杀绝。

正当三尸神作恶时，灶君发现了他的行踪，大惊失色，急忙找来各家灶王爷商量对策。于是，想出了一个好办法，从腊月二十三送灶之日起，到除夕接灶前，每户人家必须把房屋打扫得干干净净，哪户不清洁，灶王爷就拒不进宅。

大家遵照灶王爷升天前的嘱咐，清扫尘土，掸去

三尸神 又称三彭或三虫，道教认为，人身中有三条虫，称为上尸、中尸、下尸，分别居于上、中、下三丹田。上尸神在人头里面，他能够叫人胡思乱想，能够叫人眼昏，头发脱落；中尸神住在人的肠胃里面，他叫人好吃、健忘、做坏事；下尸神住在人的脚里面，可以叫人好色、好贪、好杀。

蛛网，擦净门窗，把自家宅院打扫得焕然一新。等到王灵官除夕奉旨下界查看时，发现家家户户窗明几净，灯火辉煌，人们团聚欢乐，人间美好无比。

王灵官找不到表明劣迹的记号，心中十分奇怪，便赶回天上，将人间祥和安乐、祈求新年如意的情况禀告了玉皇大帝。玉皇大帝听后大为震动，降旨拘押三尸神，下令掌嘴三百，永拘天牢。

这次人间劫难多亏灶神搭救，才得幸免。为了感激灶王爷为人们除难消灾、赐福张祥，所以民间扫尘总在送灶后开始，忙到大年夜。

扫尘时，人们不仅要把家里的地上打扫干净，还要把墙角、床下及屋柱屋梁等处一年的积尘，用扫帚清除干净，此外，还要清洗各种器具，拆洗被褥窗帘，箱柜上的金属把手等，也要擦拭一新。

扫尘这一习俗寄托着人们破旧立新的愿望和辞旧迎新的美好祈求。在春节前扫尘，是我国人民素有的传统习惯。因此，每逢春节来临，大江南北，到处洋溢着欢欢喜喜搞卫生迎新春的喜庆节日气氛。

举行过灶祭后，便正式地开始做迎接新年的准备。

阅读链接

据说，我国在很早以前就有春节前扫尘的习俗了。

宋人孟元老在《东京梦华录》卷六中描写北宋汴京时说："十月一年节，开封府放关扑三日，士庶自早相互庆贺。"

明中叶陆容在《菽园杂记》卷五中说："京师元旦日，上自朝官，下至庶人，往来交错道路者连日，谓之'拜年'。然士庶人各拜其亲友多出实心。朝官往来，则多泛爱不专……"

清人顾铁卿在《清嘉录》中描写："男女以次拜家长毕，主者率卑幼，出谒邻族戚友，或止遣子弟戴贺，谓之'拜年'。至有终岁不相接者，此时亦互相往拜于门……"

为此，扫尘习俗亦称"除尘""除残""掸尘""打埃尘"等。

按照我国民间的传统习俗，广义的春节是从农历腊月二十三开始，一直延续到新年正月十五元宵节为止，前后大约三周。这期间以除夕和正月初一这一天一夜最隆重，可以说是春节的高潮。

在除夕之夜，为了迎接新的一天，也是新的一年的到来，在我国各地，从城市到农村，人们在这天夜里都要进行各种各样的庆祝活动。为此，我国各地的除夕习俗，也因节日的古老而变得更加异彩纷呈。

欢度除夕

各地风俗

山东等华东地区的除夕风俗

我国是个地大物博的大国，主要分为华东、华南、华中、华北、西北、西南、东北，以及港澳台等几个区域，在不同的地区，春节风俗也各不相同。

■春节金元宝

其中，山东、江苏、安徽、福建、上海等地属于我国的华东地区，在这些地区，有以下不同的除夕风俗。

在山东烟台农村，大年三十中午贴春联、福字，春联、福字必须在午饭前贴好。

到了下午，基本就是包饺子了，包饺子也有讲究，饺子里要放入10枚硬币、10枚红枣，硬币代表财，红枣代表福。

饺子煮好以后，要先捞出7个小碗的饺子，每碗两个，每个碗上放一双新筷子，然后再用一个大碗，放上饺子，这七碗饺子据说是供奉各路神仙的，其中有玉皇大帝。供奉完神仙，再给祖先供奉饺子，照例是每位两个。上香烧纸后，可以吃饺子了。吃完饺子后可以睡觉，也可以守岁、放鞭炮。快到午夜零时，鞭炮声渐次响起，逐渐震耳欲聋，新年正式开始。

零时，要起来洗脸刷牙，放开门炮，将准备好的鞭炮点上，不一会儿院子里就是满地红纸，硝烟味十足。将祭祀用品摆好，一般两桌，一桌供奉天地，一桌供奉祖先，上香烧纸磕头。

大约凌晨1时，年夜饭也准备好了，有酒有菜。吃完饭，收拾好碗筷，拿出准备好的瓜子、糖、香烟。

凌晨3时30分左右就开始有人来拜年了，有单独的，有一大伙的，

■ 饺子

私塾先生 在我国
古代，儿童启蒙
阶段的教育多由
遍及民间的私塾
来承担。私塾的
教师即塾师，俗
称私塾先生或先
生。担任私塾的
先生主要是科举
落第的秀才，其
次是未中秀才的
童生，此外，还
有少量其他情况
担当私塾的。

一般都是年轻人先出来拜年，老人或者辈分比较高的人都在家待着等人来拜年。

拜年也不是全村每家都要去，一般去的都是本家和平日关系比较好的。快天亮的时候，老人和辈分较高的人才会相互间拜拜年，彼此祝福。

在山东崂山地区，除夕贴春联的习俗盛行不衰，但是，如果家中遭丧，子女未除服，则连续3年不能贴春联。贴春联的时间在除夕前或在除夕日。

由于春联大多是出于私塾先生和学童之手，所以有人写诗反映这种风俗：

学书儿童弄笔勤，春联副副卖斯文。

人来问价倍三倍，不使鹅群笼右军。

因民间讲求祈福与驱邪的功能，对联也就出现了陈陈相因的重复，如"物华天宝，人杰地灵""三阳开泰，六合同春""一元复始，万象更新"等。

除夕清晨，崂山人要在堂屋正中挂宗谱，摆供品，供品分五碟五碗，五碟中盛水果糖点，五碗盛鸡鸭鱼肉，基本上按《朱子家礼》的原则排列。

男人们负责把水缸挑满水。中午全家吃隔年饭，到太阳落山时，男人们提着灯笼，拿着香、纸和供品，到祖宗的坟地去"请年"，即请先辈亡灵来家过年。

这是一项很神圣的仪式，凡是到祖宗的坟地去的男人，都要依次跪下叩头，焚烧纸钱，嘴中叫着爹娘或爷爷奶奶，说"今天过年，请回家过年"。焚烧跪拜结束后，再燃放鞭炮，以示庆贺。

《朱子家礼》

是我国南宋著名的儒学大师朱熹所著的主讲纲常伦理、礼节礼仪的书。《朱子家礼》一书共分5卷，分别为通礼、冠礼、婚礼、丧礼和祭礼。它是一部集孔子、孟子到荀子等众多大家的孝道思想之所长，从祠堂、丧服、土葬、忌日、入殓等仪式来体现孝道主张理念的书籍。

■ 春节的鞭炮挂件

喜庆的春节

灶君 也称灶神、灶王、灶王爷、灶公灶母、东厨司命、灶司爷爷，我国古代神话传说中的司饮食之神。晋以后则列为督察人间善恶的司命之神。灶神之起源甚早，商朝已开始在民间供奉，及周礼以吁琐之子黎为灶神等。传说灶神于农历腊月二十三日至除夕上天陈报人家善恶，被尊为"一家之主"。

实际上，此举作为一种传统的文化现象，是人们出于对先祖的情感，表现出一种道德和伦理责任感。

请年回来后，略事休息一下，便到大门外燃放鞭炮，点香烧纸"接灶"，即把上天向玉皇大帝汇报工作的灶君迎接回来。

此后，全家人聚在一起包饺子。大家一边包，一边聊，充分体现出家庭的和睦与欢乐。

包完饺子，开始饮屠苏酒，吃年夜饭守岁。崂山地区主要是饮用自制的地瓜酒和白酒。后来又有啤酒、红酒、葡萄酒，不一而足。

守岁的习俗，既是对逝去岁月的惜别留恋，又有对来临的新年寄以美好希望。

古人有诗写道：

明年岂无年，心事恐蹉跎；
努力尽今夕，少年犹可夸！

■春节灯笼

　　守岁饭是要细斟慢饮的，从掌灯入席直吃到深夜。而且每上一道菜、每饮一种酒，都要先到宗谱和"天地堂"前拜奠。据《荆楚岁时记》所载，至少在南北朝时期就有此习俗。

　　除夕子夜零时是最重要的时刻，此时鞭炮齐鸣，女人们忙着煮饺子，男人们则出门按一定的方位迎财、喜神，向天地叩拜，向祖宗叩拜，在鞭炮的震天动地声响中辞旧迎新。

　　子夜的出门祭祖迎神，实际上是古代天子诸侯行圜丘祭天之礼的普及和继承。虽然直至清代中叶，民间的祭天礼仪仍是绝对禁止的，只在官家冬至祭天时吃馄饨以应节气的习俗存在。

　　但至清末，等级森严的礼制已有所松弛，民间出现了祭天之习，官方也不再明文禁止了。民间大都于新年元旦焚香烛祭天拜地，而后祀祖，从此祭天这种礼式就成了民间一项重要活动。

宗谱 又称族谱、家乘、祖谱、家谱，一种以表谱形式，记载一个以血缘关系为主体的家族世系繁衍和重要人物事迹的特殊图书体裁。家谱以记载父系家族世系、人物为中心，是由记载古代帝王诸侯世系、事迹而逐渐演变来的。家谱是中国五千年文明史中最具有平民特色的文献。

■ 寒山寺拜佛烧香

枫桥 枫桥景区历史悠久，隋唐以来由古运河孕育出繁荣的枫桥古镇；始建于梁代的寒山寺香火延续至今；唐代张继的一首《枫桥夜泊》描写出这里空灵而阔大的意境，使景区成为中外游人向往之地；明代抗击倭寇，留下遗迹铁岭关，成为苏州西大门的一道屏障。

民间祭天拜地时用的"元旦文疏"，其内容体现了"天人合一"的朴素思想，说明了在天威难测、人力微薄的时代，人们只有祝祷神祇，禳灾祈福，求得终岁平安的心愿。

江苏人在过春节时，除了贴春联、挂年画、守岁、舞狮子、大拜年等与全国一样的习俗外，还有一些独特的习俗。

苏州人除夕在饭内放进熟荸荠，吃时挖出来，谓之"掘元宝"。亲友来往，泡茶时要置入两只青橄榄，谓之喝"元宝茶"，意为恭喜发财。

苏州人在除夕守岁时，都要等待从枫桥寒山寺传来的洪亮钟声。当钟声穿过沉沉夜色，传到千家万户时，就标志着新春来临。

无论春夏秋冬，每日半夜正交子时，寒山寺中就会传出这口巨钟的洪响，民间称为"分夜钟"。这口钟，已成为苏州城乡人民的时间信息。

每年除夕，苏州寒山寺仍遵循千古不变的古老习俗，击钟以分岁。姑苏城乡，到了守岁的最后一刻，会从广播中传出洪亮的寒山寺钟声，报道一年的开始。千家万户，听到钟声，鞭炮齐鸣，古老的寒山寺钟声成为了一种时代的象征。

春节期间，苏州习俗中还有许多禁忌，诸如年初一不动剪刀，免得口舌之争；不动菜刀，以免杀身之祸；不吃稀饭，怕出门遇雨；不扫地，是担心把财运给扫光等。

安徽南部人的除夕年夜饭很是丰富。仅肉类菜肴就有红烧肉、虎皮肉、肉圆子、木须肉、粉蒸肉、炖肉及猪肝、猪心、猪肚制品，另外还有各种炒肉片、炒肉丝等。

寒山寺 在苏州城西阊门外5千米外的枫桥镇，建于六朝时期的梁代天监年间，即502至519年，距今已有1400多年。原名"妙利普明塔院"。唐代贞观年间，传说当时的名僧寒山和拾得曾由天台山来此住持，改名寒山寺。除夕之夜，苏州城内的人们，习惯以此寺的钟声，来迎接新的一年。

■ 烟花庆新年

肉身宝殿 俗称"老爷顶"，是安葬唐代来大唐留学的朝鲜僧人金地藏肉身的地方，坐落于安徽省池州市九华街西神光岭头。肉身宝殿是一座佛教艺术宫殿，是九华山佛教宗祠，为安徽省省级文物保护单位。当地居民在除夕之时，要到这里进香，以祈求新年的平安。

安徽九华山居民在吃过除夕团圆饭后，直至新年零点钟声敲响后，有的是全家出动，有的是家主代表，先洗脸漱口，后燃放鞭炮、烟花，谓之"出行"。随后，再将事先准备好的香、鞭炮、烟花带上，到肉身宝殿进香，远处的则到附近的寺庙进香。

在进香途中，即使遇见熟人，也不言不语，进香完毕回家时，方可相互招呼致意。除夕进香是为了祈求在新的一年里平安如愿。

福建地区的除夕习俗也与其他地区不同。

在除夕，福州的风俗是要蒸好白米饭贮在饭甑中，供于案前，谓之"供晦饭"或"供岁饭"，俗称"隔年饭"。除夕所备的隔年饭和菜肴，要全家人吃到正月初四为止。

为了迎接新春，福州人在腊月中旬就开始打扫卫生，俗称"筅堂"，亦叫"扫尘"，选择吉日把住宅角落全部扫干净。

筅堂之后，天天都要保持房屋内外的清洁，直到除夕吃过大年饭后，还要把最后的一批垃圾清除出门，叫作"扫晦气"。与此同时，要把水缸的水添满，谓之"添财"。

在除夕张贴春联，福州

■ 贴春联木版画

与全国各地有不同之处，福州贴春联时春联之上留有一段白纸。此俗始于清初，相传是悼念定都福州建立隆武政权的朱聿键，他被擒杀时，正值岁末。

春节前，已出嫁的女儿要回娘家"送年礼"。除夕之夜，全家团聚，共进晚宴，谓之"做岁"。家中主要门户、箱笼、家具、贵重物品需压上金银纸箔，象征来年发大财。

■ 各种新春装饰品

除夕之夜，红烛高烧，阖家同宴。这一夜再拂扫厅堂，放鞭炮，煮隔年饭。隔年饭用木制蒸饭甑装盛，周围插朱红筷子10双，贴红纸，扎红绳，并撒上"五子"，有红枣、花生、瓜子、桂圆、栗子，摆在厅堂案桌上。

在过去，三十晚上是债主讨债、债户躲债最紧张的日子。旧时欠债不能过年，就是不能过三十晚上。家住城外的债户跑到后洲尚书庙，家住城内的则跑到城隍庙看戏躲债。

在福建莆田，除夕俗叫"三十暝"。除夕凌晨1时左右，家家红烛高烧，香烟袅袅，以丰盛牲礼祭神祀祖，俗叫"辞年"。年夜饭盘菜12碗，全鸡、全鱼；小菜8碟，精致可口，有"好食三十暝"的俗谚。

饭甑 指煮饭用的蒸笼。甑是古代蒸食的炊器，是我国南方居民常用炊具。饭甑是用杉木做成的，所以蒸出来的饭有种幽香。饭甑蒸饭时先前是用筅笼从镬中捞取煮得半熟的饭粒坯，再把半熟的饭粒用饭甑蒸熟为饭。锅中留下少量余饭，加米汤熬煮为粥。

■ 居民家高挂的红灯笼

城隍庙 起源于古代的水隍庸城的祭祀，为"周宫"八神之一。"城"原指挖土筑的高墙，"隍"原指没有水的护城壕。古人造城是为了保护城内百姓的安全，所以修了城墙、城楼、城门以及壕城、护城河。他们认为与人们的生活、生产安全密切相关的事物，都有神在，于是便有了城隍庙。

在闽南一带的乡村，过年习俗与城市不尽相同。乡村农家，房多门多，除了贴春联外，房门两侧还要搁置两株圈贴红纸的连根甘蔗，叫"门蔗"，方言"蔗"与"佳"近音，寓意进入佳境。

厅堂中案桌摆有隔年饭、长年菜、发糕，并插上用红、黄两色纸扎的"春枝"，寓意饭菜长年丰足，吉祥发财。

每家要把薯藤柴枝堆垛大门外，点燃待其烟绕火旺，男人依辈分跳过这堆火焰，边跳边念：

跳入来，年年大发财；

跳出去，无忧又无虑；

跳过东，五谷吃不空；

跳过西，钱银滚滚来。

这叫"跳火群"，象征烧掉旧岁的邪气，消灾过运，迎来干干净净、大吉大利的新年。

"跳火群"后，就是要用新的扫帚打扫厅堂，扫完后扫帚畚斗搁在一起，垃圾堆放门后边，希望如愿再从畚帚中走出来，帮助发家致富。同时要把跳火群未熄的余灰收集一些添于炭炉中，叫"添旺"，象征更加兴旺。

家长率子女围坐炉旁，叫"围炉守岁"，最好通宵达旦守着，据说这是为父母添寿。此时，长辈给晚辈分压岁钱，叫"分圆"。

在闽南一些地区，百姓过春节总称为"年兜正月"。年兜，即除夕讲究吃，正月讲究玩。

吃珠蚶是闽南很有含义的风俗，用清水煮开九成熟的珠蚶是下酒的佳肴。吃完珠蚶后，要把壳留下，

■ 福字贴纸

筵席散后，将蚶壳洗干净，然后由长辈将蚶壳撒在床下，嘴里还要念着"蚶壳钱，明年大赚钱"。

据传，这一习俗与古代用贝壳当货币有关。所以，当地百姓把蚶壳也叫蚶壳钱。

除夕夜，闽南平民百姓家还要在厅堂放一钵头白米饭，上面插一朵红春花，叫春饭、过年饭。因为闽南话的"春"与"剩"同音，表示年年有余粮过年。

随着社会的进步，闽南乡村一些烦琐的习俗已逐渐废止，但农家企盼好年景的风俗依然被保留了下来。

在闽西，年夜饭中"腕子筒"与"长命菜"是客家人少不了的菜。

腕子筒就是红烧猪蹄，这红烧猪蹄很有特色，不仅肉烂，更是香浓可口。里面的配料有的是当地的植物根茎，因此形成的香味十分独特。

■ 春节元宝装饰品

长命菜，就是整只的鸡或整块的猪肉放进锅中烹煮，再将整个大萝卜和整棵的芥菜加进去，其中的含意很是深刻。

在餐桌上，闽西客家人如何进食还有一番讲究。鸡头由长者吃，翅膀给出门的男人吃，读书的孩子吃鸡腿。

守岁，也称点岁火。

■ 春节装饰品福鱼

客家人要用特制的三盏油灯分别点在厅、门、灶上，直到天亮。如一夜通明，这将意味着来年吉祥平安，万事亨通。

在厦门，到了除夕这一天，客家人家家都早早地贴上对联、年画，然后准备年夜饭。年夜饭最讲究的一道菜就是年汤，主要有大肉、萝卜、肉丸和菇类。

吃年夜饭前要先做两件事：一是给长辈端上热气腾腾的年汤；二是焚香祭祀祖宗、放鞭炮。

尔后，一家人才团团圆圆吃年夜饭，这一餐一定要吃点饭，表示吃到了年饭，长了一岁。饭后，年长者会为小孩包上吉利的压岁钱，除夕才算过完。

在除夕的当晚，上海的各家长幼齐集户内，即使是远出在外者，也要在此前归家与家人一起过年。特别是除夕之夜的年夜饭，上海人的这顿丰宴非常隆重。这是一年辛苦到头的天伦之乐，又名为合家欢。

祭祀 是指祭神、祭祖，根据宗教或者社会习俗的要求进行的具有象征意义的一系列行动或仪式。从宗教和民俗意义上按照辞海的解释，祭：指祭神、供祖或以仪式追悼死者的通称。如祭天、祭祖、公祭。祭祀：指祭神、祭祖。在除夕之时祭祀，是我国很多地方的习俗。

席面上鱼肉珍馐，花色繁多。糖腊银丝芥和炒塌棵菜是上海的特产，年夜饭除了鱼肉海味，要算这种特色风味菜最为引人胃口了。

上海旧俗说，除夕吃饭时不宜淘汤，民间有这种说法，说淘了汤吃饭的话，第二年外出办事或旅行，会遭到雨淋的。

这时实际上已是年夜结束了。家中小孩老人有上床休息的，此外大多数人都是守岁通宵达旦，至多是坐在守岁桌旁打个盹而已。

封门大吉之后，待到拂晓鸡鸣时，换贴"开门大吉"红纸，家家赶紧燃放起鞭炮，鞭炮声此起彼伏，连续不断。

至天微明时，各户男女老少都穿上新衣新帽新鞋，在早已安好供品的堂上，拜天地，祭祖先。然后少幼一齐向家长拜年，家长向小孩散给年前准备好的压岁钱，这是小孩们念叨已久的期待。至此，总算欢天喜地地到手入袋。接着开门，邻里互道新禧，庆祝新一年到来。

阅读链接

对于年夜饭的菜肴，上海人很讲究名堂。有钱人家吃鱼吃肉，"年年有余"；还吃那种读来和"发财"谐音的发菜。一般人家的年夜饭席上，发芽豆和黄豆芽总是有的，因为这象征着升和发，十分吉祥如意。

果类中的柑子，是除夕不可缺少的食物，俗语说："除夕吃红柑，一年四季保平安。"还要吃些芋头即芋艿，上海人有谚语说："除夕吃芋头，一年四季不犯愁。"另外，吃豌豆，因为豌豆又名安乐菜，和长生果之类，同样都是很吉利的名字。

广东等华南地区的除夕风俗

除了华东地区的除夕风俗别具一格，广东、海南等华南地区的除夕风俗也有各自的特点。

在广东地区过除夕时，过去有孩童除夕"卖懒"的习俗。

■王母娘娘塑像

王母娘娘 传说中的女神。亦称为金母、瑶池金母、西王母。原是掌管灾疫和刑罚的神，后在流传过程中逐渐女性化与温和化，从而演变为年老慈祥的女神。相传，王母住在昆仑仙岛，王母的瑶池蟠桃园，其园里种有蟠桃，食之可长生不老。

■ 招财进宝挂饰

传说，王母娘娘发现果园中的蟠桃树上长着一条大懒虫。这条大懒虫春天吃花叶，秋天吃花果，冬天就钻到树上冬眠。

王母娘娘派大神守住这棵树，不准懒虫钻到里面。可大懒虫懒性不改，王母娘娘大怒，下令将大懒虫打落尘世。

懒虫下凡到广州西关后，他发现有个小孩子也和他一样懒，于是就钻到了他的鼻子里，变成了人人讨厌的鼻涕虫。从此，小孩子天天早上睡懒觉，不愿起床上学。

为了除掉大懒虫，孩子们约好，在除夕吃完团圆饭后，衣袋里装个红鸡蛋，点上灯笼、火把，汇集到街上去逛花市。沿街卖懒：

卖懒，卖懒，卖到年三十儿晚，你懒我不懒。

喊完回到家中，把红鸡蛋分给长辈吃。春节后孩子们就可以精神焕发地上学去了。

这是借传说鼓励孩童养成早起好学的习惯，也算是欢度除夕的习俗之一。

在湛江，农村人家过春节从准备到结束，一般需一个月的时间。农历腊月中旬开始做准备，内容包括整修房子、购置家具、添换新衣裳、采办各类年货等。

年二十九或三十最热闹的场面是宰猪、捉塘鱼、赶年晚圩，此时男女老少齐出动。傍晚家家户户贴"年红"，既有新年画，也有传统的门神，对联大多与福财之类有关。

团圆饭后则是分压岁钱。正子时，家家户户鞭炮齐鸣，辞旧迎新。

除夕前，潮汕人忙碌着张罗备办各式年货，如买鸡、鹅、鸭、鱼、肉，添置新衣裳，新购家具、器皿，选购年画、春联等。尤其要买柑橘、青橄榄等水果，作为象征吉祥如意和迎送亲友的佳果。

除夕前一两天，家家户户制作各式果品，以备过年之用。除夕日，外出的家人都得赶回家团聚。

除夕之夜，全家围炉吃团圆饭。饭后大人们给孩童、子女给父母长辈分发压岁钱。这天晚上，农家水缸要贮满水，米缸要添满米，灯火不能熄灭，以象征"岁岁有余""年年不断炊"的好兆头。

除夕前，鹤山城乡人皆到花市购买各种花果，有应时的桃花、梅花、菊花、鸡冠花、茶花、吊钟花等，也有金橘、四季橘、朱砂橘等。人们购买了花

■ 春节年货

年晚圩 "圩"也就是集市。新春佳节前的几圩，为"年晚圩"，街上摆的大都是年货，赶圩的人特别多，老年人、儿童都去赶圩，习惯称之为"卖聋耳"，据说如果不进逛年晚圩的人会容易落下耳聋症的。老年人去看"冬青叶落行"，表示喜见又多长寿一岁了。

喜庆的春节

果，回到家里摆设点缀，以增添新春气氛。

鹤山人习惯把春联叫作"挥春"。在除夕，家家户户把神祇以及门联换上新的。一般在农历十二月中旬开始，大街上摆满了写、卖挥春的挡口。

挥春用红纸书写，内容包括祖先神祇、春联、横额、单语。横额又叫"横幅""横头"。单语大多写上"新春大吉""万事胜意""出入平安"等吉利句子。鹤山最流行的对联是：

天增岁月人增寿，春满乾坤福满门；
和顺满门添百福，平安二字值千金。

压岁、封利是也是鹤山的民间习俗。在除夕，鹤山民间有压岁的习俗。在食用方面，米缸要装满米，水缸要装满水。米缸、水缸头要压放着生菜、生蒜、香芹、茨菇、橘子等；米缸内放着煮熟的鲤鱼、生鸡，即雄鸡、猪胰，即俗称猪横俐、腊肠、腊肉、腊鸭等食品，皆取其丁财贵寿、横财顺利好生理的意头，作为新年的压宝。

利是，是古代压岁钱的沿革。大人们于除夕把利是封好，即用红纸或利是封包钞票，在

■ 泥塑场景写春联

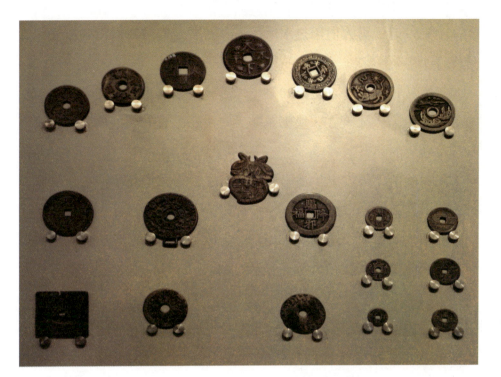

除夕发给孩子们，即谓"压岁利是"。钞票数目没有统一规定，统称"发财利是"。在鹤山，小孩向大人讨利是叫"逗利是"。

我国海南地区一直保持着古老的生活习惯与风俗。在除夕前，海南的客家人就在为过年而忙碌：清扫卫生、办年货、腌制腊肠。

其中，守年的年糕是客家人过年所必备的，一般在除夕前几天就蒸好，并贴上一小方红纸，摆在客厅里直到过完元宵节，然后切开来分送给亲戚朋友们享用。客家人用米粉和红糖糅合后蒸制的年糕为大圆饼状，宛如一个小汽车轮胎般大小。

除夕这天上午，客家人的主要事情是"上红"，即贴春联和红纸、门神，一般由男人们赶在中午前完成，主妇们则忙着准备年饭。

茨菇 茨菇属泽泻科草本植物，每年处暑开始种植，元旦春节期间收获上市，口感细腻、绵实，略显甘甜，其味道与山药略微相似，个头比马蹄稍大一点，外皮的颜色是白中带点淡褐色，头顶上有一个箭头状的小尖芽。它是鹤山人新年的压宝之一。

中午过后，男人们用热水沐浴，穿新衣新鞋戴新帽，到祖公祠堂烧香拜谢祖公。

年饭从16时许一直吃至20时，之后，长辈向小孩子和未婚青年发放红包。全家人要聚在一块喝茶聊天守岁，一直守到午夜零时燃放鞭炮迎接新年的到来。

除夕晚上，男女老少还必须洗澡，之后，人们还要换上新衣服，即为送旧迎新。

在旧时，海南人平常还要攒下煤油，从三十晚上开始，室室点灯，家室有灯，夜以继日，一连数天直至初四天亮才罢。俗称"发灯"，取"添丁发财"之意。

在海南的一些地方，初一早上起床时间，也由村子里年长的长辈按时辰规定，上午8时前要吃完早饭。当天一般在自己家待着，初二、初三则到本家串门，那几天都不准炒、煎，一直至初三才可以。

初三也叫"炒考"，即将大年三十特意多煮的干饭、吃的鸡、鸭头脚用油爆锅炒一炒再吃，以示去年有东西余至今年。大年初四至十四这段时间，则是到亲戚朋友家拜年的日子。

阅读链接

海南有句歇后语"三十晚上——刀砧不得闲"。因为在海南，无论多么拮据的人家，在腊月三十这一天，借钱借米也要杀鸡杀鸭，并做红烧肉、猪蹄子、荤菜、素菜七大盘八大碗。

人们把这些食品摆满香炉前的八仙桌子，等祭祖先仪式完毕后，便放鞭炮。这时饭菜凉透后，才拿下来全家围着火炉吃年饭。

湖南等华中地区的除夕风俗

　　湖南的除夕习俗，有着自己的地域特色，古老而朴素，节日味道浓厚。

　　湖南人除夕吃鸡、肉、鱼三样，将其炖好后，在上面撒满红红的辣椒粉，象征年年有余、五谷丰登。

农村春联

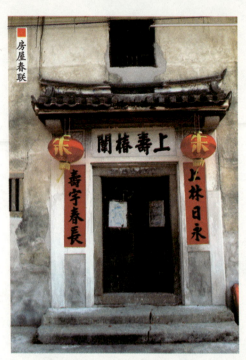

房屋春联

除夕之夜，各家要把一个做好的金元宝模型送到门外，代表在新的一年里会招财进宝。大年初一、初二这两天，人们不扫地、不担水甚至不动火，饭菜都预先弄熟，称为压岁。

大年初一由一家之主准备早茶，将鸡蛋、爆米花、红枣、白糖同煮。鸡蛋以圆为佳，象征全家团圆；爆米花象征鱼米丰收、五谷丰登；红枣、白糖象征生活甜蜜、幸福。

在湘中南地区的年夜饭上，必有一条1000克左右的鲤鱼，称为"团年鱼"，必有一个3000克左右的猪肘子，称"团年肘子"。

在除夕，河南各地有着不同的节日习俗，让人欢畅，经久不衰。

大年三十家家户户都要贴春联。以往这一天，开封还有诸多旧俗。如"文官封印""武官封操""商业封门""说书封板""讨饭的封棍"等。而民间最重要的活动，就是除夕之夜的祭祖和守岁。

后来，开封人仍沿袭以往许多好的习俗。除夕之夜虽然不再祭祖，但有的互拜亲友，看电视，猜谜语，直至深夜；有的全家人团聚一堂，互相勉励，总结一年的收获，制订新一年的工作和学习计划。

守岁在新时代被赋予了新的内容。当午夜的钟声响过，人们争放第一挂鞭炮，这意味着开封人开启未来的决心和干劲。

河南林州民间将春节称为"过年"，但过年并非专指正月初一，而是包括年头和年尾。一进入腊月便有"年味儿"了。

年三十这一天，林州人要捏仁、出锅。捏仁即捏扁食，扁食又称为馄饨；出锅即用油炸食品。这两项是三十这天最紧张而又繁重的活儿。

这天从早上开始，家中所有的女子一起动手，剁馅儿的剁馅儿，和面的和面。待剁好馅儿和好面后，家人便围在炕边捏扁食。婆媳小姑边捏边逗，十分快乐。所包扁食要足够三十晚上和初一早起食用。

扁食包好后，要先煮一锅，捞到小盘内，每个盘子两个。主妇在家要烧香点纸，祷告列祖列宗，保佑一家平安，人旺财发。另由家中男人端着到坟上祭祖，每个坟头放一小盘，燃炮叩头。

这些事办完后，开始油炸食品，凡是该过油的食物都要炸完。头一锅都要先拿一点，填入灶膛里，让灶王初一五更回来吃。如果农历腊月小，这一天的活动就放在二十九了。

此外，林州还有拦门棍的风俗。三十晚上，人们习惯在大门里的门槛跟放一根桃木棍，没有桃木的用其他棍，以防"野鬼"进家。

三十晚上要丢剩饭，叫"隔年饭"。初一早起也要丢剩饭，以示吉庆有余。

人们怀着美好的愿望，在每年腊月三十夜里，全家一起聊天不休，趁此享受天伦之乐。

阅读链接

包硬币扁食是林州民间盛行的习俗。在三十包扁食时，将数枚硬币分别包入扁食里。初一早饭，谁吃到硬币扁食，谁在这一年就有福，给全家老少带来极大的乐趣。人们都争先恐后地早起，尤其小孩为了吃到钱，破例地多吃扁食，逗得全家哈哈大笑。

送灯也是林州的习俗。三十傍晚，各家各户要将用纸扎成的灯笼，接上立柱，送于坟前，长夜照明，以让先祖随人过年。此灯于初一早上收回。

我国其他地区的除夕风俗

在我国的山西地区，几乎月月有节日，而最隆重、最热闹、风味最浓厚的要数除夕之夜了。

在过去，腊八节过后，太原人就忙着准备过年了，气氛一日浓似一日。腊月二十三祭灶王，腊月二十四扫房子。

从这天开始，随着除夕的临近，年事的准备工作达到高潮。在过去，太原还有一段民谣：

民间习俗活动

二十五磨豆腐，

二十六赶做活，

二十七去赶集，

二十八糊贴扎，

二十九去打酒，

三十儿包饺子。

■ 鞭炮

贴扎指各种对联、年画、窗花、门神等。在除夕前几天，人们天天有事做，日日有安排，一直忙至三十下午，再将室外打扫一遍，即开始整点新衣帽，包饺子，准备迎神的香、灯等物品。

除夕之夜，各家通宵不眠，俗称"熬岁"。鸡鸣之时，开始焚香、燃灯、摆供品、放花炮、接神、祭祖，然后全家互相拜年。儿童向长辈叩头拜年，长辈则赐予晚辈压岁钱，以取吉利。

在山西晋阳一带，除夕还要垒旺火、捆旺草，门上插柏叶。

旺火用炭块垒成塔状，当子夜钟声响过，点燃旺火，通村照亮，象征日子过得"旺火"。"旺草"和"柏叶"则象征"百年兴旺"。

山西大同地区煤炭资源比较丰富，它与当地人的衣食住行必然要发生各种联系。因此，煤的作用远在古代就已渗透到风俗民情之中，其中生旺火就是当地

腊八节 每年农历十二月初八，俗称腊八节，亦叫腊八。人们在这一天喝腊八粥、做腊八蒜，是我国各地老百姓最传统也是最讲究的习俗。为庆祝该传统节日，历史上曾涌现出一大批专为"腊八节"创作的诗词作品，这些作品为人们生动地描绘出当时的社会习俗和人情物态。

■ 春节挂件

的一种风俗习惯。

每逢除夕家家户户院落门前都要用大块煤炭垒成一个塔状，名称"旺火"，以图吉利，祝贺全年兴旺之意，里面放柴，上面写个大红字条"旺气冲天"。

等到午夜时，鞭炮齐鸣，将旺火点燃。点燃后，火苗从无数小孔中喷出，既御寒，又壮观。大人孩子围成一圈，有的做游戏，有的放鞭炮，男女老少都要来烤火，以图"旺气冲天"。

孩子们也可以走街串巷，观察评论火堆大小，谁家的火堆大，燃得旺，谁家的旺气也大。

后来，生旺火的风俗习惯，在大同又有发展。不但在过年时生，就连平日办婚丧大事或者重大节日时都生，有的是在冬季为了取暖，有的是在夏季以图吉利。

若论旺火规模之宏大，造型之讲究，当以山西怀仁地区的旺火为最。

在晋西吕梁山区，还有一种除夕上坟的风俗，称为"送年食"。

上坟的时间一般在除夕的下午，人们把做好的年夜饭送到亡故亲人的坟前，让亡故的亲人与生者一起

顶针 是我国民间常用的缝纫用品，箍形，上面布满小坑，一般套在中指用来顶针尾，以免伤手，而且能顶着针尾使手指更易发力，以穿透衣物。常由金属或塑料做的环形指套，表面有密麻的凹痕，在将缝针顶过衣料时用以保护手指。

享用除夕夜的美食。这一习俗，寄托了人们对亡故亲人无尽的哀思。

陕北地区是我国黄土高原的中心部分，这里的百姓最注重的是春节。

每年一进入腊月，陕北的人们就忙起来了。过年全家老少里里外外都要换新衣服。再穷的人家，每人也要做一件新外衣。另外，所有的被褥衣服都要拆洗得干干净净。

在陕北还有这样一种习俗，过年都要给孩子做个"枣牌牌"。枣牌牌就是用红线穿上红枣、谷草秸秸，上面挂个铜钱，下面坠个鞭炮，挂在孩子的背后，这是一种辟邪祝福的吉祥物。

有的人家用红线穿上做针线活用的顶针，挂在孩子的脖子上，这也是祝福的吉祥物，叫"增岁顶针"。每年增加一个，一直至12岁为止。

除夕要贴对联，打醋炭，挂红灯，净院落。

打醋炭是一种独特的习俗，就是在铁勺上放一块烧红的煤炭，再浇上醋。打醋炭要在家里的每个角落进行，意为驱邪，实际上这是一种科学的杀

驱邪 "邪"的意思是不正当、不正派，也即是邪恶、邪念、邪说。迷信的人指鬼神给予的灾祸为"中邪"。而驱邪则是指用符咒等驱逐所谓邪恶作祟的东西。这是一种迷信行为。古代的陕北人把"打醋炭"认为是一种驱邪习俗。

■ 春节挂件

菌消毒办法。

夜幕降临，老年人总是虔诚地敬神点香烧纸，领着好奇的孙子们叩头。大孩子忙着放炮。细心的婆姨在门边放上炭块和冰块，在门后立个擀面杖和刀斧，据说这是镇邪的，在这里叫守岁。

除夕之夜，陕西人总是睡得很晚，一般家里都彻夜不熄灯，预示四季平安，长命百岁。锅里放些饭菜，这叫"照锅"，意思是一年不缺吃。

有些老人彻夜不睡觉，一个人静静地踏黑爬上山顶，面向东方瞭望，这叫"品天"。据老人说，从早晨天的色道上能看出今年庄稼的丰歉、村寨的吉凶。

正月初一，天刚蒙蒙亮，人们第一件事就是放"开门炮"，这意味着开门大吉。接着，老人们便忙着迎神、接灶君。

孩子们则跑出去拜年。拜年在这里叫"问强健"，小辈见了长辈都要问强健，像"爷爷强健啦！""奶奶强健啦！"

长者便回答："娃娃乖着哩！"意思是夸孩子健康进步。

春节娃娃塑像

这种拜年礼俗，不仅限于孩子，就是已娶妻养子的男子，见了长辈也是如此，体现了我国尊老敬老的优良传统。

春节是中华民族最古老、最喜庆、最令人向往的传统节日。在河北地区，除夕风俗也具有一定的地域特色。

古赵国京都邯郸，在除夕欢庆活动中，流传着"扔愁帽"这一奇异的风俗。

扔愁帽都是在除夕夜深人静之时进行。

各家各户的大人、孩子，在临睡前，都把头上戴过的旧帽子或旧头巾，悄悄扔到大街上。

第二天打扫街道时，再把它们清扫到墙旮旯里，到下月十五夜晚烤"怕灵火"时烧掉。老人说，这样做可以扔掉一年的旧愁，迎来一年的新喜。

相传，这一习俗源自战国末年。秦始皇打败齐、楚等国，派大将章邯出兵赵国。赵国军民坚守阵地，英勇抵抗，给秦军以重大创伤。

秦将章邯大怒，攻破赵国都城邯郸后，对这一地方，人不分老幼妇孺，房不分官商民贾，大肆烧杀掳掠。赵国人为了逃避秦军的杀戮，士人摘掉士巾，商人扔掉商帽，背井离乡，四处逃亡。

■ 春节挂件

赵国　战国七雄之一，国君为嬴姓赵氏，原为赵侯，公元前325年称赵王。公元前403年，韩、赵、魏三家分晋，周威烈王封赵烈侯赵籍为诸侯立国。其国土有河北省东南部、今陕西省东北部、山西省中部，兼并有山东省西边一角及河南省的北端。公元前386年赵敬侯迁都至邯郸。

■ 大家庆新春场景

秦始皇（公元前259年~公元前210年），原名嬴政，嬴姓赵氏，故又称赵政，生于赵国首都邯郸，秦庄襄王之子。我国历史上著名的政治家、改革家、战略家，是首位完成统一的秦朝开国皇帝，在位三十七年。秦始皇被明代思想家李贽誉为"千古一帝"。

秦始皇统一天下后，便规定了统一的士服士帽、商服商帽，赵国人不忘亡国的奇耻大辱，每当夜深人静，就纷纷把秦王规定的士服士帽、商服商帽统统扔到了大街上。但是，那时的邯郸已在秦的统治之下，很多人又因此横遭杀戮。

从此，赵国人对秦王更加怨恨。他们为了避免无辜的死亡，就在每年除夕之夜，以新换旧为名，把头上的帽子偷偷扔到大街上，说是驱赶一年的晦气，扔旧愁、迎新喜。官府也就无可奈何了。

久习成俗，后来，秦国虽已灭亡，邯郸人并没改变习惯，把它作为一种地方风俗，称之为扔愁帽，流传至今。不过，现代人扔帽已没有了当年的忧愁，而是把它当作一件应景的乐事而已。

除了前面这些地区各地不同的过年习俗之外，在我国台湾也有与众不同的除夕习俗。

在除夕这天一大早，台湾人民家家户户都准备除旧布新，在家中内外重要部位张贴春联、春字，台湾民间俗称"辉春"。

除夕下午的祭拜，俗称"辞年"或"辞岁"，是为了感谢这一年来神明及祖先的保佑，祈求来年继续赐福。

全家老小都要穿戴整齐，在厅堂的神明及祖先的牌位桌前陈列牺醴供品。较讲究的家庭，还在神案上"叠柑塔"。

祭品中一定少不了年糕，台湾人称之为"年粿"，它是用石磨研碎的糯米，再添加各种调味品久蒸而成的。年粿有甜粿、发粿、菜头粿之分。

台湾乡下有俗谚：甜粿过年，发粿赚钱，菜头粿吃应时。有的还在发粿和米饭上插上红纸做的"饭春花"，因"春"字的闽南语谐音"剩"，取年年有余之意。

辞岁之后，就该吃年夜饭了，台湾称"围炉"。以前是在桌子底下放炭炉，后来则以火锅取代。一家人热乎乎地围坐一桌共餐，其乐融融。

在年夜饭中，除了要吃象征全家团圆的鱼丸、虾丸、肉丸和寓有"食鸡起家"之意的全鸡，"全鸡"在闽南语发音中同"全家"。

此外还有几道菜不可少，

闽南语 发源于福建泉州，即是闽南地区，亦称闽南话，在台湾亦称为河洛话，或台湾话、台语、河洛语等，另外也有福建话的称呼，属于汉语闽语的一种，也是最具有影响力的闽语。语言学的分类上，我国语言学者多认为闽南语是一种汉语方言，最接近古代中原河洛话。

049

欢度除夕

各地风俗

■ 春节福牌

如芥菜，叫"长年菜"，吃时要一根一根先头后尾，不能横食，也不能嚼断而食，象征绵延不断；韭菜，取其与"久"谐音，象征长寿；萝卜，闽南话称它为"菜头"，表示"好彩头"，即吉兆。

桌上的菜，每人都要下筷吃一口，象征齐全。即使平常滴酒不沾的妇女及孩子，也要喝上一点点酒，因"酒"与"久"同音。一家人齐聚一堂，把酒言欢，畅叙亲情，人们期待的早已不是桌上有多么丰盛的菜肴，而是一家人团聚亲热的温馨气氛。

吃过年夜饭之后，长辈们就会给子孙们压岁钱。压岁钱用红纸包着，也称红包。台湾的习惯是，只要没结婚，即便已年过30岁，都可以名正言顺地从父母、兄嫂手里拿红包。红包内的金额必须是偶数，忌讳奇数，取吉利之意。

与其他各地习俗一样，台湾人民也是守岁到午夜，随后便纷纷跑

年货挂饰

到街上燃鞭炮烟花。台湾的宗教信仰浓厚，新春期间民众常去庙宇进香祈福。许多民众自除夕夜开始，便前往崇敬的庙宇上香膜拜。

■ 年货市场上的各
种春联

有些庙宇会在除夕夜先将庙门关闭，并将神明的主炉以红纸封起来，直到事先向神明请示的子时吉刻届临，才将庙门打开。

此时，早就持香挤在门外的虔诚信众，蜂拥向前争着插上第一炷香，此称"抢头香"。据说抢到头香的信众会受到神明的特别庇佑，获得好运。

民间还盛行于新春期间到寺庙点灯祈福，点灯类别有平安灯、光明灯、元辰灯、财利灯、文昌灯等。佛教以灯比喻光明与智慧，如信众能燃灯供佛，就能身体健康、事业成功。

台湾的高山族人在除夕的晚上，一家老少围坐在放有火锅的圆桌上聚餐，叫作围炉。围炉时吃的蔬菜不用刀切，洗净后带根煮熟，表示祝愿父母长寿。

文昌灯 亦称智慧灯。源于文昌帝君，他是掌管士人功名禄位之神，为主持文运功名的星宿。文昌帝君掌天曹桂籍文昌之事。凡世间之乡举里选，大比制科，服色禄秩，封赠奏予，乃至二府进退等，都归文昌帝君管理。据说，在除夕之夜，点燃文昌灯，可让学生学业进步，让工作的人事业风顺。

　　岁时节俗最能反映民族文化的特点，随着台湾社会的发展，许多传统习俗也已发生了很大变化，但是两岸春节习俗却充分体现着中华文化的源远流长。

阅读链接

　　山西怀仁地区在除夕之夜的旺火，有四大特点：

　　一是选煤精良。在元宵节前预选优质原煤，用机械或者人工挖掘出来，再精心切割成整齐方块。

　　二是造型美观。必须聘请高明师傅将旺火垒成底小、肚大、顶尖、内空的宝瓶形状，只有这样，才能达到燃烧净尽而旺火不塌。

　　三是逐年增高。为了达到一年胜似一年之寓意，要求垒砌旺火时，每年都要比前一年增高一些，具体增高的尺寸大小，则由主人心中的期望而定。

　　四是规模庞大。每年怀仁县城内街道都要垒砌五六十座巨大旺火，其中最大者用80吨煤垒成，高达10多米，可谓规模庞大。

除夕以后，新的一年便正式开始了。从腊月三十的除夕到正月初一这两天，是过年的高潮期。

之后，从初二、初三开始，人们纷纷走出家门看朋友，相互拜年，道贺祝福，说些恭贺新禧、恭喜发财、过年好等话，进行祭祖等活动。

当然，节日的热烈气氛不仅洋溢在各家各户，一些地方的街市上还有舞狮子、耍龙灯、演社火、逛庙会等习俗。这期间花灯满城，游人满街，热闹非凡，盛况空前，一直要闹到正月十五元宵节过后，春节才算真正结束。

新春风俗

正月大拜年

正月初一争先放"开门炮"

正月初一，古称元日、元辰、元正、元朔、元旦等，"元"的本意为"头"，后引申为"开始"。

因为这一天是一年的头一天，春季的头一天，正月的头一天，所

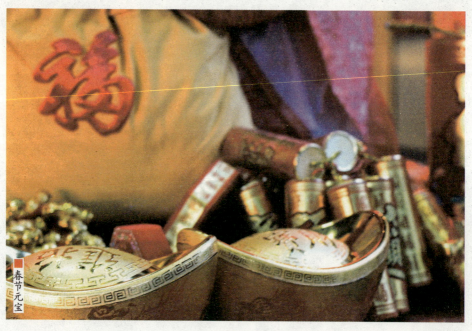

春节元宝

■春节灯笼

以称为“三元”；还因为这一天还是岁之朝，月之朝，日之朝，所以又称“三朝”；又因为它是第一个朔日，所以又称“元朔”。

初一的早晨，为了开门大吉，人们会先放鞭炮，叫作“开门炮仗”。鞭炮声后，碎红满地，灿若云锦，称为“满堂红”。这时满地瑞气，喜气洋洋。

此外，正月初一还有上日、正朝、三朔、三始等别称，意思是这一天是年、月、日三者的开始。因此，这一天是春节庆祝中最隆重的一天。

为了开门炮仗，过年前的几天，家里的大人就要从街上买回红红绿绿的鞭炮，摊放在篾扁里晾晒几天，然后用旧的棉袄、棉被裹严实，不让鞭炮受潮。

每年过年，每家都要花不少钱买鞭炮，因为据说谁家的鞭炮声越多越响，就预示着谁家新的一年日子越红火，会行大运。

篾编 指用劈成条的竹片或者芦苇、高粱秆皮等制成的一种篾器。这种盛器民间亦称篾盒、篾篓、篾罐等。因其外形美观、质地坚韧、轻便实用、制作精巧，深得旧时人们的青睐，故源源不断地进入城镇寻常百姓家。

喜庆的春节

春节灯笼

大年初一的凌晨，天刚蒙蒙亮，人们便起床了，家家户户第一件事就是争先恐后放"开门炮"，桴敲三更，响炮连天，这意味着开门大吉，也宣告新年开始。

到处一片鞭炮声，象征送旧迎新和接福，俗谓"接年"。大家都用鞭炮迎接新春，看谁家的响声大，响的时间长，看谁家的礼花品种多。各式各样的鞭炮、礼花把夜空映得五彩缤纷，预祝新年吉祥如意，兴旺发达。

打"开门炮"也有惯例，男主人起床，口念吉词先开门，放鞭炮于门口。一般是先放小鞭炮一串，称"百子炮"；再放双声大鞭炮，手腕那么粗的大鞭炮只放3发，但要"带四放三"，留一个做"备炮"。

全家老小团聚在门前大场上，满怀着兴奋和喜悦，一边相互祝福，一边看着家中男主人把鞭炮摆成吉祥图案，然后小心翼翼地点上引信，随着"嗤"地一溜火花，"噼里啪啦"的小鞭炮满地欢跳，硕大的炮仗满载着人们的祝福和希望，"通"地冲向蓝天，又"啪"地撒下一片繁花。

"开门炮"放得越高越响越好，要求3发都响，声音洪亮清脆，最为吉祥。意谓可解除一年的疫疠灾晦，并表示接新年。

据说放"开门炮"越早越好，象征当年做什么事都会顺利、如意、发财，农民会五谷丰登。有些地方在放开门炮时，还口中念道：

开大门，放大炮；财亦到，喜亦到。

新年的第一天，人们还会早早地起床，穿上最漂亮的衣服，打扮得整整齐齐，出门去走亲访友，互相拜年。

拜年是我国民间的传统习俗，是人们辞旧迎新、相互表达美好祝愿的一种方式。

通常，正月初一的拜年是家长带领小辈出门谒见亲戚、朋友、尊长，以吉祥之语向对方祝颂新年。幼者须叩头致礼，谓之"拜年"。主人则以点心、糖食、红包热情款待。

古时"拜年"一词原有的含义是向长者拜贺新年，包括向长者叩头施礼、祝贺新年如意、问候生活安好等内容。遇有同辈亲友，也要施礼道贺。

■清代儿童拜年蜡像

■ 春节拜年蜡像

古时有拜年和贺年之分：拜年是向长辈叩头，贺年是平辈相互道贺。

拜年从家里开始。初一早晨，晚辈起床后，要先向长辈拜年，祝福长辈健康长寿。长辈受拜以后，要将事先准备好的"压岁钱"分给晚辈。

拜年是尊老敬贤的传统习俗，这种传统在我国很多地方一直流传着。

在大年初一早上，拜毕天地、财神、庙神、祖宗，则要向长者拜年。之后是儿孙辈登门给祖父母、父母拜年。

拜过年，儿孙们坐在炕上，爷爷、奶奶、爸爸、妈妈把早已准备好的瓜子、花生、糖果、油炸糕、酸枣等食品端出来，让晚辈们品尝，并给孩子们一些钱币，这些钱币是"压岁钱"，也是"赐福钱"。

孩子们高高兴兴地接过长辈的钱，欢欢喜喜地吃着糖果、瓜子、油炸之类，长辈们看着晚辈生龙活虎的情态，也欢乐无比。

在给家中长辈拜完年以后，人们外出相遇时也要笑容满面地恭贺新年，互道"恭喜发财""四季如意""新年快乐"等吉祥话语，左右邻居或亲朋好友

陕北 是我国黄土高原的中心部分，包括陕西省的榆林市和延安市，它们都在陕西的北部，所以称作陕北。地势西北高，东南低。基本地貌类型是黄土塬、梁、峁、沟，是黄土高原经过现代沟壑分割后留存下来的高原面。

亦相互登门拜年或相邀饮酒娱乐。

新年拜年的方式多种多样，有的是族长带领若干人挨家挨户地拜年，有的是同事相邀几个人去拜年。

开门喜，出门喜，处处欢喜。吃过饭后，村人互相见面，也要拜年问好。拜年的方法是辈分小者、年龄小者向长辈、长者作揖，祝其康健；长辈、长者也回敬一揖，并致以问候。

随着时代变迁，拜年的习俗也日趋简单了。孩子们给祖父母、父母拜年时尚有叩头作揖的，给邻居拜年就不必拘泥了。村人邻居相见，也不说康健、长寿之类的问候语，而改为"新年好！""过年好！"等时新语言。

语言虽然变了，但是祝福的心情没有变。

随着时代的发展，拜年的习俗亦不断增添新的内容和形式。人们除了沿袭以往的拜年方式外，又兴起了多种多样新的拜年方式。

阅读链接

在我国，还流传着一个关于"开门炮"的故事。说是在从前，村内有一个穷人，由于连年不顺，在除夕夜这晚为来年营生无着落而苦闷睡不着觉，于是在半夜到屋外放起鞭炮来。

放炮声吵醒附近的邻居，邻居们出来查看究竟，发现是穷鬼起来放炮，都说："穷鬼起来了？""穷鬼怎么这么早就起来放鞭炮了？"

结果，从那年开始，穷鬼真的"起来了"，遇到了贵人，做起了生意，家产日盈，彻底告别了贫穷。

这个当年的穷人认为是得了左邻右舍的"好口彩"，而人们则认为那是穷鬼在正月初一大早就起来放鞭炮才发家的。

于是，从那以后，大家都在正月初一争相起早放"开门炮"，希望来年能发家致富。

正月初二回娘家与祭财神

正月初二是我国农历一年之中的第二天，亦是正月第二天，它在我国二十四节气的立春和雨水两个节气之间。

据西汉著名文史家东方朔的《东方朔占书》中说，正月初一为鸡，初二为犬，初三为猪，初四为羊，初五为牛，初六为马，初七为人，初八为谷。

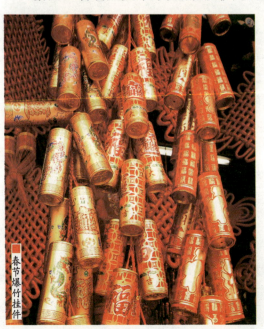

春节爆竹挂件

为此，传统上，正月初二这天叫作狗日或者犬日，古人认为，这一天是狗的节日，因此这一天不能吃狗肉。

在这一天，我国旧时有回娘家、祭财神等习俗，这些都是庆祝春节的重要活动。

正月初二，出嫁的女儿

们便纷纷带着丈夫、儿女回娘家拜年。在北方地区则为正月初三。

所谓回娘家，当然是指已婚女儿带夫婿孩子回到家里给父母拜年。为什么必须在初二而不是初一呢？

过去迷信观念认定，已逝的老祖宗，年底从天上回家享受供奉，老祖宗如果看到家里有"外人"，就不愿进家了。因为，已婚女人被认为是"外人"，所以，已婚女人不能在家里过除夕和初一。

老祖宗享用供奉后，在初一或初二早上就回到天上了，女儿就可以回家了。这个规矩在旧社会特别是农村是很严格的，违反了就是大不敬。

"回娘家"又称"归宁"。在大年初二，女儿回娘家时，必须包一大袋饼干、糖果，由母亲分送邻里乡亲，一如过年的情景。

如果家中有多个女儿，而这些女儿又不在同一天归来，那么，就要来一个分一次，礼物颇薄，四块饼干而已。然而，它反映的情意却甚浓，真正是"礼轻情意重"，它表达了姑娘对乡亲的切切思念。

姑娘回到家中，若家中有侄儿，当姑母的必须再掏腰包，尽管在初一给"压岁钱"时已经送了，可这一次意义不同。这一习俗，广东的潮汕人称为"食日昼"。顾名思义，仅仅是吃中午饭而已，女儿必须在晚饭前赶回婆家。

除了回娘家，北方在正月初二这一天，还要祭财神。在这一天，无论是商贸店铺，还是普通家庭，都要举行祭财神活动。各家把除夕夜接来的财神祭祀一番。

这天中午要吃馄饨，俗称"元宝汤"。祭祀的供品要用鱼和羊肉。老北京的大商号，这天均要大举祭祀活动。祭品要用"五大供"，即整猪、整羊、整鸡、红色活鲤鱼等，祈望当年发大财。

我国民间所供财神大多以赵公明居多，其印刷形象很威武，黑面浓髯，顶盔贯甲，手中执鞭。周围画有聚宝盆、大元宝、珊瑚之类图案，加以衬托，突出其富丽华贵效果。

阅读链接

在我国古代，关于财神是谁的说法并不统一，主要有以下几种：

赵公明，因道教第一创始人张天师曾命其守玄坛，故又名赵玄坛。此人来源于《封神演义》，姜子牙封他为"金龙如意正一龙虎玄坛真君之神"。赵明朗，字公明，道教中的玄武之神，俗称赵公元师。

范蠡，春秋时期越王勾践手下大臣，帮助越王打败吴国，后来经商发了大财，改名陶朱公。后人奉为财神。

关羽，是三国中的"全能"人物，最重义气，后人把"义"和"利"等同对待，奉为财神。一般商号供奉关羽者居多，认为他对商号有保护作用。

正月初三不拜年觉要睡个饱

正月初三称为"小年朝"，也称为"赤狗日"。民间亦传说初三晚上是"老鼠娶亲"的日子，所以一般人家都早早熄灯睡觉，以免扰乱了鼠辈。

我国古人认为，正月初三这一天为谷子的生日，要祝祭祈年，且禁食米饭。

在宋代，这天也是"天庆节"，后来称"小年朝"，不扫地，不乞火，不汲水，与正月初一相同。

我国民间有民谣说："初一早，初二早，初三睡个饱。"就是说到了初三，总算告一段落，可以晚起些，补补前两天的睡眠，以保健康。

门神贴画

三牲 亦称太牢，是古代祭祀用的供品。三牲有大小之分，大三牲指羊头、猪头和牛头；小三牲指鸡头、鸭头和兔头。也有说大三牲指猪、牛、羊，小三牲指鸡、鸭、鱼。后来也称鸡、鱼、猪为三牲。不过，也可以理解为组合祭祀，大型组合宴会中的"三个不同等级使用的牲畜"。

■ 门神贴画

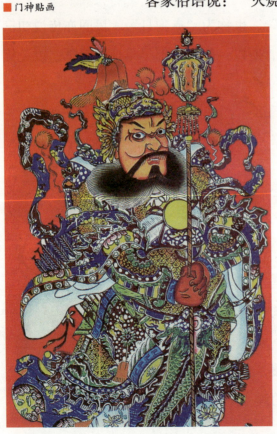

在这一天，我国古代有烧门神纸的习俗。

民间信仰"报赛"活动，其实质就是酬神，即对神的感恩、报答、酬谢。比如，客家人对门神的感恩"报赛"活动，就是大年初三"烧门神纸"，其酬神仪式也相对简单。

在初三这天夜幕降临后，家家户户都焚香秉烛，以三牲、水果、酒饭拜谢门神。然后将年节时的松柏枝及节期所挂门神像、门笺纸等一并焚化。

在旧俗里，客家人在大年初五"出年界"，因此在大年初三的"烧门神纸"也意味着年界即将过去，人们即将开始各自的营生。

客家俗语说："火烧门神纸，大人做生意，细伢拣狗屎。"就是说正月休闲吃喝到此差不多了，再过些天大人们做生意的该做生意了，耕田的得耕田了。

从此商开市，士入学，人们开始由浓浓的年味儿里走出，走入新一年的奔忙。

虽然广大汉族地区自清代开始基本不再拜祭门神，只保留了除夕"贴门神"的习俗，但长江流域各省还是有不少地方保留了年初三"烧门神纸"的岁时传统。

在我国南方，大年初

三早上还要贴"赤口"，认为这一天里容易发生口角，不宜拜年。

所谓"赤口"，一般是用长约七八寸、宽一寸的红纸条，上面写上一些出入平安吉利的话，贴在前门和后门的门顶上。

另外有一张是放在垃圾上面挑出外面倒掉。这些垃圾都是初一、初二两天积下来的，一定要到初三才能一起清理倒掉，否则，等于把家中的金银财宝向外倒掉一样。

总之，贴"赤口"，是使人们心理上觉得一年到头都能出入平安，不与人发生口角或各种不幸的灾难，家中能够招财进宝和万事如意。

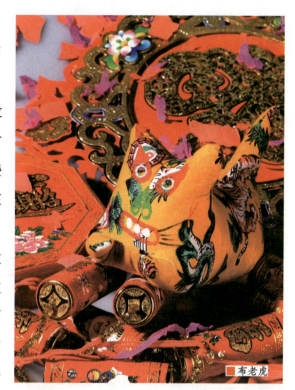
■布老虎

阅读链接

大年初三这天，在我国河南、湖北等地，尤其是豫北地区，有出嫁的闺女回娘家的习俗。

每到这一天，出嫁的女儿们带着丈夫和儿女一起回娘家走亲戚，当地人也叫"回娘家"或"走姥姥家"。

女儿和父母、女婿和岳父母一大家子人凑在一起吃一次团圆饭，也是连襟们相互交流的好机会。

正月初四迎灶神与接五路

灶神年画

正月初四，是女娲创世神话的"羊日"，故常说的"三羊开泰"乃是吉祥的象征，也是恭迎灶神回民间的日子。

传统的正月初四是迎神的日子，而年前腊月二十四是送神的日子。传说下界诸神都在送神时升天向玉帝拜年并报告人间行为的善恶，于正月初四再度下凡。

据说，神明上天述职，禀报人间善恶，到了大年初四会再返回人间，继续接受祭拜与监察人间的善恶，因此，这天必须非常谨慎地迎接神明下凡，故称为"接神日"。

据说腊月二十四到大年初四这段期间，天界改派其他天神下界巡逻，监视一切然后上奏天神。

在北方还有个传说：初四灶王爷要查户口，因此也不宜离家，家家户户都要守在家里，准备丰富的果品，焚香点烛并施放鞭炮，以示恭迎。

北方有些农村的风俗，要绑上火神，用玉米梗或麦梗绑在棍子上，点燃后从自己家送到河里去，代表一年家里无火灾。

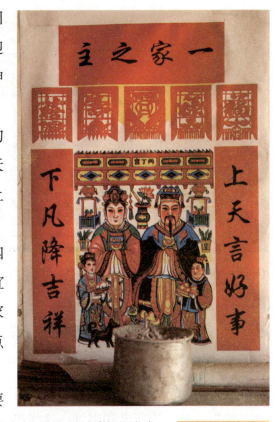

■ 灶神年画及香案

在大年初四的晚上，一般商家还会接请五路财神，初五开市，以图吉利。

古人们深信，只要能够得到财神显灵，便可发财致富。初四这天下午，接五路财神仪式的准备工作就开始了，直到晚上才结束。

先是摆案桌，一般用几张八仙桌拼起来即可。头桌是果品，如广橘、甘蔗，寓意财路广阔，生活甜蜜。二桌是糕点，寓意高升、常青。三桌为正席，供全猪、全鸡、全鱼，并有元宝汤等。

半桌是饭、菜，一碗路头饭中插一根大葱，葱管

火神 是我国神话中民间俗神信仰中的神祇之一，中华各民族都有祭祀火神的风俗，由于地区不同，历史文化不同，对火神有不同的认识和解释。在我国北方信奉萨满教的各民族中，火神是一位古老的男性，被称为火神公，而西南少数民族则把燃烧的火焰视为火神的化身。

農家的財神塑像

内插一株千年红，寓意兴冲冲、年年红，第三桌上的酒菜须等接上五路财神后方可奉上。

接五路财神需主人带上香烛分别到东、西、南、北、中5个方向的财神堂去请接，每接来一路财神，就在门前燃放一串百子炮。

全部接完后，主人和伙计依次向财神礼拜，拜后将原供桌上的"马幛"火化，表示恭送财神。这样仪式才算是结束了。

阅读链接

在我国的福建莆田地区，除夕大年三十，叫作"岁"，而初四叫作"大岁"。关于这个说法，源于一个古老的传说。

据说，在明朝年间，倭寇不时骚扰我国东南部沿海地区。一次，莆田人正在高高兴兴过年三十的时候，倭寇杀过来，烧杀抢掠，幸存的人们跑进了山里。

后来倭寇被打退了，人们也从山里回家了，但是年没过成，而且很多家庭也失去了亲人。所以，在莆田地区，初二严忌去别人家里拜年串门，因为在古代莆田，这个日子，人家在治丧。

等过了初三，大伙都觉得，因为年三十没过好年，应该再过一次，因此就定初四再过一次年，而且办得更隆重。于是，这个习俗就被莆田人代代传了下来，直到现在。

正月初五迎财神与开集市

　　农历的正月初五，俗称破五。我国民间一说初五前有诸多的禁忌，过此日皆可破。按照旧的习惯这天要吃"水饺子"，在北方叫"煮饽饽"。

春节拜年

■ 元宝鱼招财挂饰

招幌 又称幌子，是现在广告牌的雏形。在我国古代漫长的农耕时代里，从事商贸、修理、加工、服务等业者为招揽顾客，推销货物，采取了多种多样的招幌形式。招幌经商，世代相袭，形成了独特的民俗文化。随着社会变革，经济发展，我国一些招幌形式发生演变，一些流传延续至今。

有的人家饺子只吃两三天，有的隔一天一吃，没有不吃的。从王公大宅到街巷小户都如此，就连待客也是如此。

在这一天，妇女们也不再忌串门，开始互相走访拜年、道贺。新嫁女子在这一天归宁。一说破五这一天不宜做事，否则本年内遇事破败。

除破五习俗以外，在正月初五这天，主要还有迎接财神、祭路头神和开市贸易等。

我国古人认为，正月初五这天为"财神生日"，我国南方在这天祭财神。按照旧俗，春节期间大小店铺从大年初一起就关张了，而到了正月初五这天，家家又都重新开张了。

大家闻鸡鸣即起，放鞭炮，在招幌上挂红布，共喝财神酒。祭品中必须有一条大鲤鱼，"鲤"为"利"的谐音，故称该鱼为"元宝鱼"。

初五早上必有叫卖元宝鱼的，各店铺争购，用线穿鱼脊并挂在房梁上，鱼头朝内，身上贴红纸元宝，寓意可以"招财进宝"。

除了叫卖鲤鱼的，还有"送财神"的，多是一些贫寒子弟或街头小贩，他们低价买来财神像，穿街走巷，挨门挨户叫卖"送财神来喽！"

户主绝不能说"不要"，而要客气地说："劳您驾，快接进来。"几个铜子儿可买一张，即使再穷也得赏个豆包，换回一张，讨个"财神到家，越过越发"的吉利。

民间还传说，财神即五路神。所谓五路，指东西南北中，意为出门五路，皆可得财。凡接财神须供羊头与鲤鱼，供羊头有"吉祥"之意，供鲤鱼是图"鱼"与"余"谐音，讨个吉利。因此，每到过年，人们都在正月初五零时零分，打开大门和窗户，燃香放鞭炮，点烟花，向财神表示欢迎。

接过财神后，大家还要吃路头酒，往往要吃到天亮。大家满怀发财的希望，但愿财神爷能把金银财宝带来家里，在新的一年里大发大富。

此外，在正月初五，还

吴地 指我国春秋时吴国所辖之地域，包括今之江苏、上海大部和安徽、浙江、江西的一部分，后扩展至淮河下游一带。现吴地一般指苏南，苏州为东吴，常州为中吴。

071
正月大拜年

新春风俗

年画五神像

有祭路头神的习俗。路头神是吴地信奉的一位财神。旧俗认为，正月初五这天是他的生日，祭祀迎接，颇为壮观。

路头又称"五路神"。据说是五圣神。一般以此路头为古五祀中的行神，所谓五路乃东西南北中。财货无不凭路而行，故人们以行神为财神，加以祭祀，希望它引财入门，或出行获利。古人外出行旅，祭祀路神以求平安。

路神变为财神，是因为商业的发展、财货流通加剧的原因。财货往来于陆水之间，人们认为路主宰了财货。

人们认为接路头越早越好，最早接到的才是真神，特别灵验，因此有的地方，真的在初四便"匆匆抢路头"了，且相沿成俗。既然路神已不再是行旅的保护者，人们便不再在赴旅时祭祀了。

另外，人们还会选择在正月初五这一天开市。旧俗以正月初五为财神的生日，认为选择这一天开市必将招财进宝，财源滚滚。

在我国古代广泛流行的正月开市习俗，反映了我国古人普遍希望辞旧迎新，迎接新一年美好生活的传统心理。

阅读链接

在我国，有些地方又把初五日叫作"圆年"，意思是说年过完了，到这一天要做一个总结，画句号了。

其实，这是"破五"的变种，是由于不知"破五"的由来，慢慢地演变出来的。

据《封神榜》所说，姜子牙封神，把背叛他的妻子封为"穷神"，令她"逢破即归"。

神话传说中，姜子牙的妻子是很让人讨厌的背夫之妇，封了穷神以后，就更让人讨厌了，还没听说有谁是喜欢穷神的。所以人们就在初五这一天"破"她，让她"即归"就是马上回去吧！

正月初六大扫除送"五穷"

　　"六"在中华文化中是个吉祥数字，有顺的意思，而正月初六这天是一年的第一个"六"，因此，这一天是人们选择出门的好日子。因此许多人选择这天拜年，开始走亲访友。

农家春节场景

■ 财神爷塑像

正月初六，又称为"马日"。这一天开始大扫除，所以称为"挹肥"。人们在这天才真正开始工作或做生意。

这一天也表示旧时农民于此日开始下田，准备春耕。但是，正月初六主要习俗是大扫除"送穷"出门。

正月初六"送穷"，是我国古代民间一种很有特色的岁时风俗，其意就是祭送穷鬼。

穷鬼，又称"穷子"，指"智穷、学穷、文穷、命穷、交穷"五种穷鬼。

相传，穷鬼是黄帝孙子颛顼帝之子。他身材羸弱矮小，喜欢穿破衣烂衫、喝稀饭。即使将新衣服给他，他也扯破或用火烧出洞以后才穿，因此"宫中号为穷子"。

黄帝 上古时代一位著名的部落联盟首领，传说是少典与附宝之子，姬姓，居轩辕之丘，号轩辕氏，建都于有熊，亦称有熊氏。史载炎帝以姜水成，因有火德之瑞，故号炎帝；黄帝以姬水成，因有土德之瑞，故号黄帝。

正月初六这一天，人们用纸造妇人，称为"扫晴娘""五穷妇""五穷娘"，身背纸袋，将屋内秽土扫到袋内，鞭炮从每间房屋里往外放，边放边往门外走。说是将一切不吉利的东西、一切妖魔鬼怪都轰出去，越远越好。这一习俗又称为"送穷土""送穷媳妇出门"。

打扫卫生是一种彻底的大扫除。从每间房屋里把垃圾扫出门去。有的地方腊月三十到正月初六以前，一般是不允许搞卫生的，但能扫扫地，只能在屋里扫，垃圾只能先放在屋里的拐角处。

特别大年初一，这天是一扫帚也不能动的，说是动了就将好运气弄掉了。可到"送穷"这一天，却要彻底地搞一回大扫除不可了。因为我国古人把垃圾视为穷鬼的象征。

等到垃圾扫出大门，扫到一个角落，便也将鞭炮从屋里放到了屋外，于是拿来一个极大的鞭炮，放在那垃圾堆上，点燃了，"轰隆"一声，仪式完毕。

然后，人们便说：这一下子，一切穷气穷鬼都给赶跑了！

做完这一切以后，人们才开始吃早饭。

"送穷出门"，就要把它送得远远的。尤其放鞭

颛顼帝（公元前2514年～公元前2437年），上古首领，相传他是黄帝子昌意的后裔，居河南濮阳一带，号高阳氏。传说他从20岁起即帝位，初国于高阳，建都于高阳古城，也就是后来的河北省高阳县，故又称其为高阳氏。

■ 农家浓郁的新年氛围

古民居的春联及
红灯笼

炮，称"崩穷"，把"晦气"、"穷气"从家中崩走。人们从初一至初五已经5天没干活了，日出之前放炮崩穷后，要努力干一天活，称为"恨穷"。

在我国，还有些地方的人们甚至还用草或纸扎车、船，为"穷鬼"准备象征性的"交通工具"，有的地方还有"以芭蕉船送穷"的做法，还要给"穷鬼"带上干粮。

有些地方要将鲜肉放在锅中炙烤，还要爆炒麻豆，让其崩裂发声，这样可以崩除"穷气"，求得财运。此外，旧时除夕或正月初五要吃得特别饱，俗称"填穷坑"。

老北京的民俗称：这一天，家中主妇要把节日积存的垃圾扔出去，谓之"送穷鬼"，门上的挂笺也可摘下来同时扔出去，叫作"送穷神"。

这一天最受欢迎的是当年满12岁的男孩，12是6的2倍，可称六六顺。又传说福神刘海是北京人，是个穿红披绿的胖小子，民间流传着"刘海戏金蟾，步步钓金钱"的俗语，其形象很受市民欢迎。

为此，正月初六，正值本命年的男孩，以刘海的形象打扮，背着5个用白纸或彩纸剪成的小人上街，谁抢到就算谁抢到了财神，被抢者则叫扔掉穷鬼。

如果两位都是本命年者相遇，谁先抢到对方背后

刘海 与八仙一样，也是喜剧色彩很浓的神仙。明朝《列仙全传》中，刘海为八仙之一，到了《八仙出处东游记传》中，刘海的位置被张果老顶替。刘海，原为五代时人，本名刘操，字昭远，先为辽国进士，后出家修道，号海蟾子。传说他从16岁起便开始做官。

招財進寶 招財進寶

的小人谁吉利。也有用布制小包当穷鬼向外扔的，双方背后均要背个小筐，先把小包投入对方背后筐中者为先扔穷鬼，也就吉利。

　　各地民间的"送穷"时间、方法虽然有些大同小异，但都普遍反映了人们希望送走旧日的贫穷困苦，迎接新一年幸福生活的美好心理。

阅读链接

　　在我国，关于"送穷"的日期，有几种说法：

　　一说是以正月晦日为送穷日。唐韩愈《送穷文》李翱注："予尝见《文宗备问》云：'颛顼高辛时，宫中生一子，不着完衣，宫中号为穷子。'其后正月晦死，宫中葬之，相谓曰：'今日送却穷子。'"

　　一说是以正月二十九为送穷日。《岁时广记·月晦》引《图经》："池阳风俗，以正月二十九为穷九日，扫除屋室尘秽，投之水中，谓之'送穷'。"

　　一说是以正月初六为送穷日。《岁时广记·人日》引宋吕原明《岁时杂记》："人日前一日，扫聚粪帚，人未行时，以煎饼七枚覆其上，弃之通衢以送穷。"为此，在我国北京，现在仍保留有正月初六送穷鬼的风俗。

初七人日节与初八要放生

春节剪纸年画

正月初七是我国传统习俗中的人日，也称"人胜节""人庆节""人口日""人七日"等。

传说女娲初创世，在造出了鸡狗猪牛马等动物后，于第七天造出了人，所以这一天是人类的生日。人日当天也有放花炮、烟花等习俗，故人日亦是火的生日。几经演变，成为汉族吃七样羹的习俗。

我国从汉朝开始便有人日的节俗，魏晋后开始重视。古代人日有戴"人胜"的习俗。

人胜是一种头饰，又叫彩胜、华胜，从晋朝开始有剪彩为花、剪

連年有餘

■ 连年有余年画

彩为人，或镂金箔为人来贴屏风，也戴在头发上。

在初七这天，还有赠花胜，就是人们制作各种花胜，用彩纸、丝帛、软金做成花朵，相互馈赠。

这天，古人还有登高赋诗的习俗。唐代之后，人们更重视这个节日。每到正月初七，皇帝赐群臣彩缕人胜，又登高大宴群臣。如果正月初七天气晴朗，则代表这一年人口平安，出入顺利。

在我国古代，这天还要吃春饼卷"盒子菜"，即一种熟肉食品，并在庭院摊煎饼，进行"熏天"。

此外，在这天，有的地方还要吃七宝羹，即用七种菜做成的羹，以此来取吉兆，并说此物可以除去邪气、医治百病。因各地物产不同，每个地方所用的果菜也有所不同，取意也有差别。

广东潮汕用芥菜、芥蓝、韭菜、春菜、芹菜、蒜、厚瓣菜；客家人用芹菜、蒜、葱、芫茜、韭菜加

屏风 古时建筑物内部挡风用的一种家具。屏风作为传统家具的重要组成部分，历史由来已久。屏风一般陈设于室内的显著位置，起到分隔、美化、挡风、协调等作用。它与古典家具相互辉映，成为家居装饰的整体。古人在初七这天喜欢把华胜饰品贴在屏风上。

■ 新春年画

饴糖 是以高粱、米、大麦、粟、玉米等淀粉质的粮食为原料，经发酵糖化制成的食品，又称饧、胶饴。主要含麦芽糖，并含维生素B和铁等。有软、硬之分，软者为黄褐色黏稠液体；硬者系软饴糖经搅拌，混入空气后凝固而成。在我国北方，在初七这天，喜欢食用此食品。

鱼、肉等等。其中，芹菜和葱预兆聪明，蒜预兆精于算计，芥菜令人长寿，凡此种种。

南方一些地区，人们有在人日时"捞鱼生"的习俗，即类似吃生鱼片。捞鱼生时，往往多人围满一桌，把鱼肉、配料与酱料倒在大盘里，大家站起身，挥动筷子，将鱼料捞动，口中还要不断喊道："捞啊！捞啊！发啊！发啊！"而且要越捞越高，以示步步高升。

在我国北方则有用炒过的大米拌上饴糖，做成球状或方状食品食用，叫"响太平"，寓意"太平安康"。

大部分地方在这天还有吃面条的习俗，寓意着用面条缠住岁月的双腿，取长寿之意。

过完正月初七，就是传说中谷子的生日正月初八了。在这一天，人们不仅要庆祝谷子的生日，还要对鸟类进行放生。

这些习俗不仅体现了古人尊重自然万物和谐相处的品德，也表达了新春之始，企盼世间各种生物兴旺发达的美好愿望。

初八是谷子的生日，据传这天如果天气晴朗，那么这一年就会稻谷丰收，天阴就会歉收。

谷日节这天所蕴涵的重视农业、珍惜粮食的思想，十分值得继承。在谷日节感受农业的重要，对于四体不勤、五谷不分的人来说，还是很有教育意义的。

对于农耕社会来说，谷是命脉，这一天人们要观谷、食谷和养谷。这天，全家穿着汉服，离开城市来到乡村田野，大人向小孩子介绍基本农业知识，全家观看各种越冬作物的长势，让小孩和大人一起亲近农业，帮助孩子树立尊重农业、农民、爱惜粮食的意识。

在春节期间，来到郊外田野，也是一种很好的休息远足活动。返家后，由孩子亲手做一餐谷物晚餐给全家食用。如让孩子亲手和面蒸馒头、亲手做面条、亲手淘

汉服 又称汉衣冠，是我国汉族的传统服饰，又称为汉装、华服，是从黄帝即位的约公元前2698年至明末，这4000多年中，以华夏礼仪文化为中心，通过历代汉人王朝推崇周礼、象天法地而形成千年不变的礼仪衣冠体系。汉朝是我国最重要和杰出的王朝之一，汉人称谓由此而来。

081

正月大拜年

新春风俗

■ 春节装饰挂件

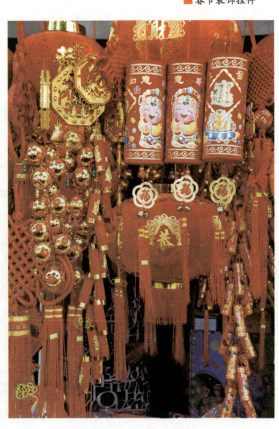

放生 就是救护那些被擒、被抓、命在垂危的众生的命，而众生最宝贵的就是自己的生命得以重拾生机。救它们的命，它们感激最深，所以功德至大。将被捕获的鱼、鸟等生类放之于山野或池沼之中，使其不受人宰割，便称之为"放生"。在我国，正月初八为放生日。

米蒸饭、亲手熬粥，大人只进行必要的指导，而不要代替。通过这种方式，让孩子更真切地懂得粮食的珍贵，劳动的不易。

在这一天，人们还有放生的习俗。人们认为，鸟是吃谷的，会抢夺人的收成，所以这一天要放生，主要放生的对象是鸟和鱼，表达好生之德，同时也讨好一下鸟类，让它们嘴下留情。

放生表达了人与自然和谐的善意，而不打捞、捕捉放生的动物，更体现了人的敬畏之心，有了善意与敬畏之心，和谐才会有保障。选择这一天放生，是因为初八是顺星之日，可以让星宿看到自己的善行。

顺星又名祭星。正月初八晚上，人们去庙里上香祭祀星君，即顺星，等天上星斗出齐后，各家都要举行一个顺星的祭祀仪式。

祭祀仪式上，人们还要选择两张神码，第一张印

■春节夜晚的花灯

着星科、朱雀、玄武等，第二张是
"本命延年寿星君"。

二张神码前后放在一起，夹在神
纸夹子上，放在院中天地桌后方正中
受祀。神码前陈放着用香油浸捻的
黄、白灯花纸捻成的灯花，放入直径
寸许的"灯盏碗"，或用49盏，或用
108盏，点燃。再供熟元宵和清茶。

黄昏后，以北斗为目标祭祀。祭
祀后，待残灯将灭，将神码、香根与
芝麻秸、松柏枝一同焚化。

祭星结束后，全家聚在一起吃一
顿元宵。如今，人们都是在正月十五吃元宵，其实古人一般选择在正
月初八吃，以此表示圆满。

春节的花灯

阅读链接

据说，在古代，人们在正月初七这天，还喜欢用占卜的方
式，预测这一年的吉凶，汉魏以后，人们又逐渐把这一活动发
展成为包括庆祝、祭祀等活动内容的节日。

到了唐代，人们仍相当重视人日节。高适的《人日寄杜二
拾遗》诗中就有"今年人日空相忆，明年人日知何处"的感怀
之句。它证明唐代的人日节，已不仅仅专用作祈祥祝安，又衍
添了一层思亲念友的气氛。

时至今日，也有在外的游子在年前回家，过了人日节才能
远走他方。人日节这天不出远门，不走亲串友，在家团聚。人
日节下午一般吃长面，也叫"拉魂面"。意即过年时人都走
东串西，心都野了，人日一过该准备春耕生产了。故而吃拉魂
面，把心收回来，准备春耕生产。

初九拜天公与初十忌搬石

我国古人认为，"九"在数目中表示多数，最多、最大，因此在正月初九这天，人们称它为"天日"。传说，这天是玉皇大帝生日，必须隆重庆祝。

祭祀玉皇大帝

"九"与"酒"谐音，九不离酒。因此，各家各户都要准备丰盛的酒宴，尽兴喝个痛快，给玉皇大帝祝寿。

■ 春节喜庆鞭炮

"天公"就是"玉皇大帝"，道教称之为"元始天尊"，是道教最尊的天神。

正月初九为玉皇圣诞，俗称"玉皇会"，传言天上地下的各路神仙，在这一天都要隆重庆贺，玉皇在其诞辰日的下午回鸾返回天宫。这时道教宫观内均要举行隆重的庆贺仪式。

旧时这天，人们会举行祭典以表庆贺，自午夜0时起一直到当天4时，都可以听到鞭炮声。

祭拜的仪式相当隆重，在正厅天公炉下摆设祭坛，一般都是用长板凳或矮凳先置金纸，再迭高八仙桌为"顶桌"，桌前并系上吉祥图案的桌围，后面另

祭坛 是古代用来祭祀神灵、祈求庇佑的特有建筑。先人们把他们对神的感悟融入其中，升华到特有的理念，如方位、阴阳、布局等，无不完美地体现于这些建筑之中。祭祀活动是人与神的对话，这种对话通过仪礼、乐舞、祭品，达到神与人的呼应。

天井 指四面有房屋、三面有房屋另一面有围墙或两面有房屋另两面有围墙时中间的空地。南方房屋结构中的组成部分,一般为单进或多进房屋中前后正间中,两边为厢房包围,宽与正间同,进深与厢房等长,地面用青砖嵌铺的空地,因面积较小,光线为高屋围堵显得较暗,状如深井,故名。

■ 春节挂件

设"下桌"。

"顶桌"供奉用彩色纸制成神座,象征天公的宝座。前面中央为香炉,炉前有扎红纸面线三束及清茶三杯,炉旁为烛台,其后排列五果,即柑、橘、苹果、香蕉、甘蔗等水果,还有六斋,即金针、木耳、香菇、菜心、豌豆、绿豆等,以祭祀玉皇大帝。

下桌供奉五牲,即鸡、鸭、鱼、卵、猪肉或猪肚、猪肝,还有花生仁、米枣、糕仔等甜料和红龟粿,即像龟形,外染红色,打龟甲印,以象征人之长寿,用这些物品以祭玉皇大帝的从神。

在祭拜天公之前,全家大小都得斋戒沐浴。初九当天,更禁止家人晒衣服,尤其是女裤、内衣或倒垃圾,以表示对玉皇大帝的尊敬。祭品如果要用牲畜

的，一定要用公鸡，不能用母鸡。

有的地方，在正月初九这天，妇女还要准备清香花烛、斋碗，摆在天井巷口露天地方膜拜苍天，以求天公赐福。

福建和台湾省的民众在正月初九这天，一家老小，斋戒沐浴，上香行礼，祭拜诵经，有的地方还唱戏娱神。

正月初九，是福建人拜天公、大过年的日子。这一天凌晨的拜天公仪式，比大年除夕迎新春、接财神更热闹、更隆重，祭拜仪式过后，大家要吃一顿丰富的年餐，以示团圆、吉祥。

大年初九凌晨，成千上万的烧猪和鸡、鸭，将是祭拜天公的主要祭品，以祈求新春大吉大利。天公诞的祭拜仪式，是从大年初八深夜开始，一直持续到初九凌晨。

烧猪，是孝敬天公的重点祭品之一，一些经济不错的家庭，甚至订购大烧猪供拜，而普通的家庭也以小金猪或烧肉祭拜，以祈求天公带来好运。祭拜天公的祭品，还包括鸡鸭、水果、香烛、龙香等。

拜天公时，必须诚心膜拜，一点不能马虎。早年还要燃烧鞭炮，彻夜响个不停，一直拜到大年初九凌晨时分，才圆满结束，这时全家人一起享用丰富年餐，才上床睡觉。

旧时这天晚上，男女要相聚在大树下唱歌，最好是桂花树，请玉皇大帝最宠爱的小女儿七仙女下凡，所唱歌曲必须欢乐吉祥，让七仙女高兴，她一高兴，父皇玉帝就会保佑人间一切顺利。

正月初九以后的正月初十，称为石头节，俗称十指。"十"与"石"谐音，因此初十俗称为石头生日。这一天，我国的古人忌动石器，不搬石头，凡磨、碾等石制工具都不能动，习惯祭祀碾神、磨神、碓臼神、泰山石敢当神等。

河南的风俗，这一天家家向石头焚香致敬。午餐必食馍饼，认为吃饼一年之内便会财运亨通。

■ 春节庙会舞狮

碓臼 是农耕时期我国劳动人民一种常用的生活用品。在生活用具中，碓臼是最简单耐用的东西。它分碓窝和碓锥两部分。碓窝凿有若干斜凹槽，碓锥凿有若干斜凸槽，以便提高功效。碓臼的功用一般是用来舂数量不大的糙米、杂粮、米粉和面粉，还兼带着打糍粑。

旧俗的除夕在这些石器上贴春联后，正月初十以前，是禁止使用的。过了正月初十，则可以开封使用，无所讲究了。

石头节，与原始人类的大山及石头崇拜有着源流关系。因为墙基用石头垒砌，老鼠又多生活在墙角窟窿里的缘故，为此，民间传说又称这一天是老鼠娶媳妇的日子。

晋东南地区，习惯在这一天用谷面做蒸食，称为"十子团"。夜晚时，放置于墙角土穴等处供老鼠吃。晋南地区放面饼，以庆祝老鼠娶媳妇。

忻州地区在这一天习惯吃莜面或高粱面鱼。妇女们搓面鱼，一手五根，两手同时动作，面板上搓动着

10根细长的面鱼，因此把这一天称为十指。

　　搓面鱼的时候，要捏一些花轿同时蒸熟，放置墙角瓮底等处，以备鼠郎娶亲使用。

　　这天，许多地方要在屋隅、墙角及水瓮里点灯、焚香、敬纸，对老鼠娶亲致贺。而在晋北一些地方，晚上却忌点灯，忌说话，以免惊扰了老鼠娶亲事宜，惹下鼠神，一年为患。

　　总之，春节是我国人民一年中最大的节日，但春节的活动却并不止于正月初一这一天。而是从腊月二十三的小年起，直至正月十五以前，在这段日子里，每一天几乎都有不同的节日习俗。

　　春节不但是我国汉族最重要的节日，满族、蒙古

■春节舞龙表演

夜色下的彩灯

族，瑶族、壮族、赫哲族、哈尼族、达斡尔族、侗族、黎族等多个少数民族也有过春节的习俗，只是过节的形式更有自己的民族特色，韵味无穷。

阅读链接

据说，在过去，正月初十这天，因为是老鼠娶亲日，有的小孩子往往信以为真，闹着不睡觉，要看个明白。

大人们便接过祖辈的传说，对孩子们说：想要看老鼠娶亲，就必须要在嘴里含着驴粪蛋蛋，耳朵里塞上羊粪蛋蛋，眼皮上夹着鸡屎片片，在满天星星的时候，趴在磨眼里，才能看到老鼠娶亲的热闹场面，听到鼓乐声。

这样的事情，孩子们当然不愿干了，也就只好睡觉了。